全美四十州都在教的網路公民課

RAISING HUMANS IN A DIGITAL WORLD:
Helping Kids Build a Healthy Relationship with Technology

數位公民素養課

線上交友、色情陷阱、保護個資，
從孩子到大人必備的網民生活須知

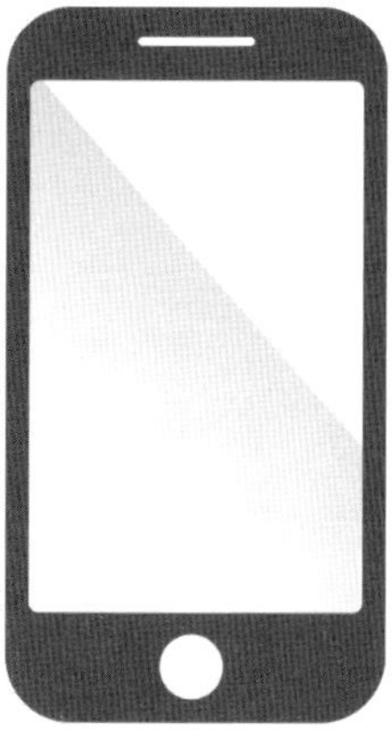

by Diana Graber

黛安娜・格雷伯——著　劉凡恩——譯

各方推薦

「假如你想找實用積極的建議，為自己跟小孩的數位生活指點迷津，可不用再找了。這本書直指網路世界的風險及潛藏危機，也讓我們見識其中蘊含的巨大報酬。」

——史蒂芬．波肯（Stephen Balkam）

家庭線上安全學院（Family Online Safety Institute）創辦人暨執行長

「《數位公民素養課》不僅來的及時，更是所有爸媽、祖父母、師長必讀之書。黛安娜．格雷伯的教育課程（實際且經過驗證）讓你功力大增，許多精彩故事讓你讀來不能釋手。書寫精闢——讓你的網路實力直追下一代。」

——蘇・薛芙（Sue Scheff）

家長資源專家（Parents' Universal Resource Experts）創辦人

《羞恥國度》（*Shame Nation*）、《谷歌炸彈》（*Google Bomb*）作者

「讀格雷伯的《數位公民素養課》，我覺得真是好精彩，好有道理，好重要。格雷伯除了取材自身體驗，更彙整諸多數位意見領袖之見，透過生動的故事風格，提供無比珍貴的實用建議。在這數位時代養育子女的家長們，此書不可不讀。」

——艾倫・凱茲曼（Alan Katzman）

社會保證人（Social Assurity LLC）創辦人暨執行長

「每個父母都有責任教養出負責的數位人類。科技有如蠻荒之境，格雷伯不僅讓父母看到，如何在這日新月異的數位世界建立負責安全的關係，更讓他們順利探索保障孩子網路安

全的各個面向。青少年的誤用科技與殘酷行徑是能夠改變的，格雷伯在她這本啟發性與教育性十足的《數位公民素養課》充分證明此點。這書應作為所有家長的聖經，藉此保障孩子安全，培養負責觀念。」

——羅絲・埃莉絲（Ross Ellis）

打擊霸凌（STOMP Out Bullying）創辦人暨執行長

「這本精彩好書讓你知道如何在數位時代教出健全的孩子。當中許多故事凸顯出現在小孩的細密心思及他們對探索網路世界的渴望，而非一味被擔憂的大人警告要保持距離。此書鋪陳仔細，立論嚴謹，家長可學到如何與孩子展開那些重要對談。」

——潘蜜拉・羅特里吉（Pamela Rutledge）

菲爾丁研究生學院（Fielding Graduate University）媒體心理研究中心主任暨教員

獻給麥可、伊莉莎白、派珀

——我的宇宙中心

目錄

【推薦序】

你希望教出什麼樣的孩子？

出過二十四本親子教養書籍，曾與六大洲上百萬名父母對談，我看到幾乎所有爸媽想要的都一樣：希望孩子成為善良仁慈的人。

然而值此「螢幕遠勝彼此面對、數位取代真實連結」之時，這個目標頗有難度。可喜的是，要在這數位時代成功教養孩子的祕訣，此刻就在你的手裡。

你也許可找到其他相關書籍，而這本獨到之處是在它的作者。於公於私我都熟識黛安娜——我們出席美國東西兩岸各個會議，分享種種故事，彼此經常探問：「孩子最需要什麼？」我可以保證，她絕對是答覆這項重要教養課題的可靠權威，而且簡單明瞭，一針見血。理由如下：

黛安娜對此議題瞭如指掌。投身數位素養（digital literacy）教育近十年（現在很難見到這種長度），書中涵蓋的一切，她都一一試過，而且是用在最棒的試驗對象——真正的孩子們身上。

- 多年來透過她的兩個數位素養網站（Cyberwise和Cyber Civics），她與數十萬名家長、小孩進行交流，提供資源。
- 她投身演講，奔走全美各地面對眾多社群，傾聽各方心聲。
- 她持續用功，在嶄新即時的領域「媒體心理與社會變遷」（media psychology and social change）拿到第一屆碩士學位。
- 最重要的一點是，她同樣身為人母，極度關切孩子。

媒體也認識黛安娜。美國全國廣播公司（NBC）的《今天》（*TODAY Show*）節目團隊，曾拉到位於南加州的旅程學校（Journey School）拜訪她的班級，製播她與學生進行書中談及的某些活動。

我很喜歡她把拉拔孩子比喻為蓋房子，強調要先打下穩固的地基，就是同理心這類社交技巧。她呈上你所需要的工具——還有建築藍圖。此書包含許多珍貴方法與簡易活動，還有訪談四十多位專家得出的洞見與智慧。

我有什麼建議？詳讀本書，時時翻閱，甚至分享給其他家長。最重要的是，加以活用。請記住，你的孩子不需要最流行的應用程式或新玩意，他們需要你！你的時間與關懷，搭配你將在此書學到的種種，就是在此數位時代養育小孩的祕訣。

——蜜雪兒．玻芭（Michele Borba）博士

享譽國際之教育家、演說家

寫於棕櫚泉，二〇一八年八月六日

這土地上的每位父母啊
別妄自評斷你不理解之事吧
孩子早已不在你掌控之中
昔日你行經之路已如過眼雲煙
若你不能伸手相助
請讓路給下一代吧
時代正在改變哪

——巴布・狄倫（Bob Dylan）
《時代正在改變》（*The Times They Are a Changin'*）

【前言】

孩子身處的數位環境

當人可隨意把玩手機，就會出現一種情形：一無所獲，或是毫無長進。

——蘭諾．絲維佛（Lionel Shriver）[1]

九月一個明朗的早晨，我站在每週一充當我教室用的大禮堂的門口，向三十來個魚貫走向南加州美麗陽光的七年級生說再見。韋斯——當年剛加入這班，有著一雙大藍眼的瘦小男生——乍然停在我面前，提出一個問題[2]。

「你為什麼教我們這些東西？」

我愣了一下，這道理不是很明顯嗎？稱作「網路公民」（Cyber Civics）的這門課，在他們中學階段——從六年級到八年級——每週上課一次，聽我傳授必要的數位生活技能，讓他們懂得正確安全地使用科技。我就這樣答覆他。

「但這不是我們爸媽的責任嗎？」他問。

我頓時語塞。我想基本上的確是這樣，但為了捍衛我在內的所有家長，我必須說我們並未跟這些科技一起長大，我們自己多半還在摸索如何正確安全地使用這些東西，有時還做得挺差的。

我們的成長背景截然不同。當我們還小時，我們大可放心從事一些愚蠢、丟臉——也許還遊走法律邊緣——的活動，無須擔憂會留下紀錄，被放上網路。我們的社交發生在購物商場或鄰近街角。同儕認可並不仰賴按「讚」或交友要求，而是通過實實在在的微笑、點頭、捧腹、舉手擊掌。我們學會看地圖，用電話簿，甚至什麼叫做「逆時針方向」。我們有照相機。當足球或樂團練習提早結束，我們得耐著性子乖乖等爸媽來接，不然就打電話回家。

就取得資訊的層面而言，這世界跟短短幾十年前幾乎完全不同。拿學校指定的研究作業來說，如果家有一套二十六冊大英百科全書，那是何等幸運！否則就得動身跑到圖書館搜尋卡片目錄，找到正確位置取出你要的書，整本翻遍，才能找到你要的資訊。

那種日子早已遠去。如今孩子們透過掌中物，唾手即可得全球圖書館的資料，還有谷歌與Siri可以幫忙。而最令人稱奇之處？就是年輕一代根本不覺得這有什麼了不起。但他們又為什麼該覺得驚奇呢？若真想開開眼界，他們盡可戴上虛擬實境眼鏡或頭盔，瞬間置身另一時空。

這個世紀已然充滿各種劇烈改寫童年的數位發明，背負養育孩子之責的我們卻幾乎沒有準備。那些新裝置、帶來的各種新鮮事——簡訊、Skype、上傳、推特、貼圖、聊天等等——常讓我們無暇扮演好父母。誰不曾漫不經心地塞給孩子一個平板、智慧手機、電子閱讀器等等，以便自己能檢查郵件或把照片上傳臉書？誰能責備父母沒留意孩子可能變得跟我們一樣黏著裝置？沒留意他們可能看到不雅內容，他們的個資可能陷於風險，他們的數位名聲正在形塑？而各種全新名詞恐怕也讓我們猛抓頭皮：色情簡訊（sexting）、非法複製（piracy）、網路釣魚（phishing）、惡搞（trolling）、誘姦（grooming）、迷因

（memes）、圖像互換格式（GIFs）、駭客（hacking）、情色報復（revenge porn）、網路霸凌（cyberbulling）、掠食者（predators）、假IG帳號（finstagrams）、數位綁架（digital kidnapping）等等。我們所有人——包括孩子在內——別無選擇，只能透過自己的3C產品來理解這迥異往昔的世界。

你可以指導你的孩子

韋斯講得沒錯。父母可以、也應該教導孩子數位求生技能。這本書會教你方法，但首先，來個深呼吸，因為這個嶄新數位年代的負面影響及危險——我上面列出多項，以博取你的注意——形塑著網路世界的一部分。這我可以掛保證。此外，就在我們擔憂數位孩子可能會跟什麼可怕的陌生人連上線，或張貼一些將來讓他們進不了大學的照片時，他們卻以著全然不同的角度看待這個網路世界。聯合國兒童基金會（UNICEF）二〇一七年就二十六個國家的兒童及青年所做的報告指出，這些年輕人對於數位科技如何影響人生，樂觀的令人訝異。他們熱切盼望更多的交流、連結、分享，還有——是的，坐好了：還有甚至學習[3]。研究顯示，當孩子們在網路聚集，好事也能發生，且的確正在發生中。

好事散見於網路

過去二十年來，諸多研究聚焦在科技帶來的風險；那確實值得正視，父母必須警覺。在此同時，網路卻也出現許多好現象：

- 社群媒體幫年輕人鞏固了既有情誼。超過九成的青少年稱，他們透過社群媒體跟實際認識的人聯繫[4]。玩網路遊戲的人也有同樣情形；百分之七十八的遊戲者稱，一同打電玩讓他們覺得跟線下的朋友更加親近[5]。
- 學習可以隨時隨地，不受局限。各方專家距孩子僅一指之遙，孩子也可從網路社群聯繫到同好[6]。
- 有更多青少年用社群媒體與家人聯繫，家人感情提升，彼此聯繫更強[7]。

- 網路讓置身風險或被邊緣化的孩子得以尋求社會協助，捍衛自己，找到勇敢下去的力量[8]。
- 社群媒體給青少年呈現最佳自我的舞台，各大學招募人士也注意到了；百分之三十五的招生人員說，他們在招生過程中會查核學生的社群媒體，絕大部分的結果都能幫申請者加分[9]。
- 孩子打造各種讓世界更好的應用程式。例如住在加州謝曼橡市（Sherman Oaks）、十六歲的娜塔麗・漢普頓（Natalie Hampton），便製作出APP「來跟我們同桌」（Sit With Us），讓孩子再也不必落單用餐[10]。
- 社群媒體可提升年輕人的公民意識[11]，包括參與志工、選舉等事，會主動關心當代重要議題。
- 免錢或低成本的數位工具，讓孩子可盡情展現創意：撰寫部落格，拍照分享，製作影片，參與學校計畫等等。
- 全球年輕人都能為重要的文化變革注入一絲力量。二〇〇九年，巴基斯坦一名十二歲女孩馬拉拉（Malala Yousafzai），開始在部落格呼籲女孩受教權。即便活在嚴格的塔利班政權下，卻能如此無畏發聲，馬拉拉獲得全球的敬佩，並得到二〇一四年諾貝爾和平獎。

儘管好事成串，美中卻也有不足。在你把一個連著網路的玩意交給孩子時，這些正面的網路故事並不會神奇出現。要讓一個很會滑平板電腦的學步娃，變成一名知道怎麼安全、聰明、有操守、有建設性地運用科技的青少年，需要時間。幫他們了解怎麼把科技帶來的風險降到最低、福祉擴到最大，就是我們做父母的責任。

目前對孩子進行的科技教育，都著重在警告潛藏的危險，而非引領他們去發揮好處。根據聯合國兒童基金會，「當下兒童們能聽到的教誨，幾乎一面倒的強調風險及保護，這可能扼殺他們的想像與表達，那也是數位媒體其實可以帶來的好處。」[12]是時候了，我們該放下恐懼，認真引導孩子善用科技。

可喜的是，教孩子善用科技這件事不僅可能，還可以是大人與他們建立連結的美好途徑。在接下來的書頁裡，你將學到大人可以、必須怎麼做，好幫助孩子跟3C產品建立安全、健康、充滿建設性的關係。

養育3C世代

沒有手機我活不下去。

——一名八年級學生

現在的孩子花在螢幕上——智慧型手機、電腦、平板等——的時間，超過上學、跟家人相處，有時還超過睡眠。非營利機構「常識媒體」（Common Sense Media）做的一項研究顯示，美國青少年每天大約花九個小時在這上面，少年——八到十二歲——大概是六個小時。這還不包括他們在學校或做功課使用電腦的時間[13]。我問該機構的資深教育督導凱莉·門多薩（Kelly Mendoza），這些數字是否令她吃驚。「令人吃驚的是孩子分心的本事，」她回答，「孩子可能會想說，『嘿，我在做功課啊！』但實際上他們忙著社群媒體或聽音樂。所以這些數字非常驚人。」[14]

從你的3C產品抬頭起來看看，你會發現周遭每個孩子不是低頭看著隨身必帶的手機，就是忙著傳送簡訊。傳簡訊是青少年彼此溝通最常見的模式，偶爾如此的比例高達八成八，每天這麼做的超過一半[15]。

說來令人難以置信，在美國，我們開始傳簡訊不過才二十年前。傑克・麥卡尼（Jack McArtney）講的話讓我意識到這令人驚異的事實。麥卡尼時任威訊通信（Verizon）通訊總監，就是他在一九九九年向美國市場推出了短訊服務（Short Message Service, SMS），俗稱簡訊。他總愛說這句俏皮話：「如果你是父母，我很抱歉。如果你是孩子，別客氣！」[16]

青少年遇上簡訊就像鴨子入水。現在青少年一個月平均處理三千七百條訊息，那還不包括透過Snapchat這類應用程式往來的私密對話[17]。我問麥卡尼，他是否有預見簡訊會這麼受孩子歡迎。「沒有，」他說，「更讓我吃驚的是，所有人竟都花那麼多時間低著頭，模樣可笑地緊盯螢幕，不跟旁人互動。年輕人、老年人，全都這副德性。這完全出乎我們意料。」

如果你稍微思索一下當今手機能做的事——上網、照相、播送音樂、令人入迷的遊戲、報時、導航、叫披薩——喔，最重要的是，提供無可比擬的社群連結——這就完全不令人意外。短短一段時間內，這些玩意確實已演化成「智慧」手機。

「這一切的進展完全出乎任何人的想像，」麥卡尼說，「誰能抗拒智慧型手機？尤其孩子？」

答案是：他們無法抗拒。

智慧型手機改寫了童年

具心理學家背景的作家吉恩・特溫吉（Jean Twenge）博士鑽研世代趨勢，根據扎實研究寫成無數文獻及三本書，最近的一本是《i世代》（*iGen*），嚴肅探討她稱作「i世代」這群生於一九九五到二〇一二年間的小孩，他們是首批握著智慧型手機跨入青春期的人類[18]。她認為，這些「i世代」——不僅包括我的兩個小孩，也包括我的學生——的精神健康，幾乎是幾十年來最糟狀態。原因何在？你猜到了：他們的智慧型手機。

二〇一七年末，特溫吉登在《大西洋》（*The Atlantic*）雜誌的一篇文章，標題聳動：「智慧型手機可曾毀了一世代？」（Have Smartphones Destroyed a Generation?），她將她寫於書中的發現濃縮於此文，說：「智慧型手機的到來，劇烈改寫了青少年生活的各個面向，從社交互動，以致精神健康。」[19]

這篇文章刊出時，我正汲汲於全美各地訪問學校及家長團體，演說有關孩子與科技，倡議數位素養教育之重要。我所到之處碰到的父母，對這篇文章沒有讀過也有聽過，無不熱切予以討論。許多人衷心認同手機造成所有青春期的問題（隨手捻來：憂鬱、焦慮、睡眠剝奪），部分則覺得特溫吉的指控（例如：「智慧型手機及社群媒體的連袂現身，引發可能前所未有的嚴重地震」）[20]言過其實，危言聳聽。而無論什麼立場，所有的父母都有共同的憂慮：我們該怎麼做才好？

瞧，所有人都知道精靈已經跑出瓶，不會再回去了。孩子太愛他們手中的螢幕，天知道，我們大人也是。再說，孩子需要這些東西上課學習、寫作業。因此，在留意這些東西會如何改寫童年的同時，我們必須引導孩子邁向 3 C 產品肯定包括在內的成年，迎接誰知道又會是什麼的新科技。

你的孩子準備好了嗎？

何時給孩子當今最夯的禮物——他的第一支智慧型手機（或任何「連線」裝置）——是家長最難做的決定之一。記住，「連線裝置」是任何可連上網的玩意，除了智慧型手機，還包括平板電腦、電腦、遊戲機、電子書閱讀器、智慧手錶，甚至還有能靠藍芽操作的玩具跟輔助裝置。所有這些都能把你的小孩跟全世界的人們、資訊連在一起，隨時隨地。他們在此犯下的任何一個失誤，都可能被永遠記錄，任人讀取。這是個重大責任，而孩子缺乏指引，完全沒有準備。

當家長問我：「幾歲給小孩（填入任何可連上網的東西）才對？」我總是一個答案——喔不，應該說是七個。我認為，父母要先能答覆下列問題，才能決定孩子是否能有連線產品：

- **孩子是否已具備足夠的社交情緒上的技能，能夠明智地使用連線裝置？**他們是否已懂得表達同理、仁慈、尊重和禮貌？這些都需要時間養成，在網路上尤其重要，如果表達得宜，就能將網路塑造成父母夢寐的安全空間。

- **孩子知道怎麼維護自己的網路聲譽嗎？**有愈來愈多的大學及公司（與其他單位）會從網路來了解孩子。你的孩子可知道，他們上傳的一切、別人張貼有關他們的一切，都會影響代表他們人格的網路聲譽？
- **孩子有辦法停手嗎？**套他們自己的話，青少年常說他們覺得自己「沉迷」3C產品[21]。你有教孩子足夠的策略（和理由），讓他們能適時脫離虛擬世界，回到「真實」生活嗎？
- **孩子知道該如何打造並維持健全的關係嗎？**他們能懂得自保，避開網路霸凌、掠食者、色情簡訊、情色報復、性勒索等網路危險嗎？萬一碰到（恐怕難免）危險或不健康的網路關係，他們知道該怎麼辦嗎？
- **孩子知道怎麼保護自己的隱私與個資嗎？**在加入各式嶄新服務、與朋友分享的興奮中，很多孩子不覺給出太多個人資訊，尤其那些還不懂得善用社群媒體的小孩（十到十二歲的孩子中，四分之三有社群媒體帳戶，儘管不符最低年齡要求[22]）。
- **孩子懂得判斷網路得來的資訊嗎？**他們是否能辨識這些訊息的正確性、權威性、普及度與偏頗度？如果不，孩子就容易被錯誤資訊、「假新聞」等誤導。

- **孩子是否足以擔當數位領袖？**他們知道如何挺身而出嗎？網路太需要能站出來對抗霸凌、創造鼓舞內容、製作感人影片、分享勵志故事、發明新科技讓世界更好的孩子了。你的孩子是不是足以讓他們的數位世界變得更好更安全呢？

如果你的答案有一個「不」，那你的孩子就還沒準備好承擔擁有連線產品的重大責任。那個賭注太大。不過，你能教他們這一切生存技能，無論你自己對科技的認識有多少。話先說在前面：這些技能不可能一天學會。教會孩子管理數位世界的複雜性，而非逃避，需要相當的時間與耐性。

我自己就費了好一陣子才明白這點，坦白說，當中歷經太多的嘗試及錯誤（我對女兒們很抱歉）。但願藉著我這長達二十年的歷程分享，你們能一帆風順。

我自己歷程的展開

二〇〇〇年九月的一個微冷早晨，我牽著快滿五歲的女兒走近那小小的移動式建物，那將是她的幼稚園教室。就像許多生平第一次把孩子送進學校的媽媽，我感到緊張；倒不是因為女兒第一天上學，而比較是因為我們為她選擇的這個「學校」。望著眼前那躋身教堂與成人學校之間的六個移動式構造，我開始感到退縮。

這個位於加州橘郡（Orange County），首間由家長推動的公立實驗學校，學生不過九十人，連我女兒在內。校名「旅程學校」（Journey School），是卡皮斯川諾市聯合學區（Capistrano Unified School District, CUSD）第一所實驗學校。卡皮斯川諾市聯合學區屬加州第八大學區，轄內有四十間加州卓越學校（California Distinguished Schools）及十一所全美藍帶學校（National Blue Ribbon Schools）。此學區一直是加州頂尖學區之一，學生畢業率達百分之九十七點一，遠勝全美平均的百分之八十五點一[23]。根據《美國新聞與世界報導》（*U.S. News & World Report*）[24]，卡皮斯川諾市聯合學區內每間高中都名列全美千所最佳高中。所有的學校全都安全整潔，深受好評；讓女兒去念其中任何一所，都是理所當然——畢竟在當時，實驗學校還是相當嶄新、成果未知的概念。立法部門不久前才通過一九九二實驗學校法案，加州是繼明尼蘇達州之後，第二個通過立法的州。全美所有的公立學校中，實驗學校只占一點七個百分點。

旅程學校除了身為實驗學校，還有一點有別於傳統教育——它是一所華德福（Waldorf）學校。我先生跟我對華德福學校僅有的一點認識，來自我們偶然在《大西洋》雜誌讀到的一篇文章：「教出想像力」（Schooling the Imagination）。作者陶德·奧本海默（Todd Oppenheimer）描繪的學校令人嚮往，強調要嬉戲、想像與尊重孩子。他這麼寫著：

> 想像力是教育的核心，這個概念撐起整個華德福教育。當這概念與學校其他的基本目標——讓孩子懂得倫理——合在一起，結果就更有別於當今的教育系統，後者只不斷強調在數理閱讀等科達到全國標準，一意追求標準化的測驗——更別說用電腦塞滿教室的那股風潮[25]。

奧本海默滔滔說著華德福學校的教室裡都是手做、天然的東西，鼓勵學童接觸那些材料，儘量與其他小孩互動。聽來魔力十足，我們倆馬上埋單。當時我們不知道的是，華德福學校多麼受到科技業父母的歡迎，尤其因為這種學校深信「科技可以等」[26]。

不許接觸媒體！

放下女兒不久，我們參加了家長座談。每個家長都收到幾張表格，讀完得簽名繳回。其中一張是學校的媒體合約：

媒體合約

如您所知，旅程學校的信念，包含平日不接觸媒體，也就是從週日晚到週五早晨。所有的電子媒體都算：收音機，音樂光碟，錄音帶，卡拉ＯＫ，電子遊戲，影片，電視。我們希望孩子聽到溫暖的人聲，而非經由電子傳遞的聲音。

我先生跟我在簽字前，橫睨彼此一眼。當時我們正在為「野趣頻道」（outdoor Life Channel）製作一個叫《尋向邊緣》（*To the Edge*）的電視節目，描繪從事各項壯舉的專業運動人士，攀峰登崖、穿越激流巨浪。節目是否成功，連帶我們的生計，就靠觀眾在家看電視而非自己出去探險。所以說，是的，我們簽這東西可真有點虛偽。但能在沒有電視干擾之下帶孩子，十分令人動心。能在晚餐桌上好好談天，大家一起做手工、玩遊戲、烤餅乾，感覺真不錯。想像著孩子學會跟人愉快對話，自在交換眼神，我們在虛線上簽了名。

猶記二〇〇〇年時的媒體環境

回顧那時，我常懷疑如果知道得跟數位媒體對抗，我們是否還會那麼果敢地同意限制。

二〇〇〇年的媒體環境可是截然不同：

- 全球的網路使用者只有三億六千一百萬人。具體而言，甚至不到現在臉書用戶的三分之二[27]。

- 谷歌才兩歲大。
- Friendster或MySpace（還記得它們嗎？）都還沒問世或消聲匿跡。
- 臉書、領英（LinkedIn）、維基百科、YouTube、推特、Flickr、Instagram，都不存在。
- Snapchat創辦人艾文・史匹格（Evan Spiegel），十歲而已。
- 還沒有什麼iPods、iTunes或iPhones。要再過整整十年，才出現第一台iPad。

那時我們得設法限制的媒體，只有電視機。那完全不是問題。我們把家裡唯一一台電視貶入樓上辦公室，遠離它的誘惑，順利過日子。

然後，一切都改變了。

隨著老大跟小她三歲的妹妹步入初中，我們那種單純生活漸漸成為遙遠的回憶。「媒體」不再只是電視，它是數位的，社群的，行動的。孩子們愛它，家長們手足無措，包括我。

媒體心理學救援

二〇〇六年某天，我不經意地瀏覽電子郵件——此事已開始占據我太多時間——一封信抓住我的注意力：我的母校成立了一門嶄新學程：媒體心理學與社會變遷（Media Psychology and Social Change）。加州大學洛杉磯分校（UCLA）推出四個銜接課程，念完可取得菲爾丁研究生學院（Fielding Graduate University）頒發的碩士學位。我想這太好了，能幫我了解媒體的轉化——進而幫我協助我的小孩穿梭這個新數位世界——我馬上註冊，在接下來的四年潛心研究媒體對人類行為產生什麼影響。

在我努力求學的同時，科技發展簡直一日千里。蘋果手機於二〇〇七年現身，緊接著它的平板登場。二〇一〇年，凱瑟家庭基金會（Kaiser Family Foundation）一份報告指出，孩子花在娛樂性媒體的時間巨幅增加，八到十八歲的青少年平均一天花七個小時三十八分鐘（一週超過五十三個鐘頭）；又因他們很多時間是「媒體多工」（multitasking）（同時操作不只一樣東西），實際上等於在那七個小時共塞進十個小時又四十五分鐘的媒體量[28]。

「我的天，多得嚇死人。」我心想。孩子們花在媒體上的時間幾乎勝過一切——上學，運動，跟家人互動，甚至睡覺。我懷疑，他們怎麼應付這些嶄新變化？

結果他們應付的不好——我很快就發現。

數位問題迎面撲來

全新的數位科技也自有辦法地影響到旅程學校的小朋友，儘管校方有媒體合約這項規定。二〇一〇年，我女兒八年級時，學校經歷有史以來第一次的社群媒體「事件」。

當時臉書風靡（記住，那時尚未有Instagram或Snapchat，因此青少年都用臉書貼照片、聊是非）。我女兒班上來了個新同學，愛麗兒這個小女生向全班介紹了這個社群媒體。愛麗兒勤耕臉書，每天都會貼上自己跟一群女生朋友的照片，務求照片裡的自己完美無缺（髮絲飄的剛好、笑容無懈可擊）。很遺憾，她沒以同樣標準幫其他女生過濾，她們在這些照片裡通常表情可笑、頭髮凌亂，或者更糟。這些朋友很快就發現愛麗兒的不經心。我是從女兒口中聽來，她自己覺得很好玩，但另一個叫黎絲的小女生可不這麼想。

黎絲是影片部落客，用影片呈現每天生活的大小事，有點像擺在網路的公開虛擬日記。在其中一支影片裡，她抱怨起臉書這些照片和張貼照片的女生，說感到自己「被人從背後捅了一刀」，並在旁邊加上有人被刺的重複動畫。家長們看到影片，沒看到的也聽說了刺人動畫，認為這念頭令人悚然。很快就有家長向校方舉發這起「網路霸凌」事件，黎絲被找進校長室問話。

我們先暫停一下。撇開家長的過度反應，說實在這件事並沒有什麼，尤其相較於今天的標準。而這樣普通的青少年舉止在當下使人非議，只因是展現在一個新的環境。耕耘臉書的愛麗兒投入令人興奮的新工具，恐怕沒有大人指導。她展現的行為叫做「身分建構」（identity construction），青少年在此階段正嘗試理解自己是誰、如何呈現自己。部落客黎絲也在學著使用新工具，錄製影片上網，同樣缺乏大人指導。她表達強烈的個人意見，這也是青少年的普通之舉。這兩個女孩的所作所為都不壞甚至沒錯，但這是科技運用首度震撼到校方，也令新上任的校長夏希爾・佛特斯（Shaheer Faltas）猝不及防。

「由於那是一塊全新領域，」佛特斯幾年後跟我說，「所有人都感到害怕——從家長到老師，甚至學生。我那時才來學校幾個月，忽然間碰到這麼大的事情，加上一堆疑問。什麼構成網路霸凌？那是父母的問題還是學校的？學生們幹嘛要用臉書？最重要的一點：我們該怎樣才能避免同樣或更糟的事情再度發生？這些都是我們還沒回答的問題。」[29]

事件發生時，我剛完成學業。潘蜜拉·羅特里吉（Pamela Rutledge）博士，我在菲爾丁研究院的指導教授暨後來的摯友，鼓勵我把論文投給《媒體素養教育期刊》（*Journal of Media Literacy Education*），我照辦了。大約就在那樁數位大戲在我女兒朋友間上演時，我的文章「新媒體素養教育：發展之道」（New Media Literacy Education）[30]被登出來。這篇文章強調，要讓孩子成為優秀的網路公民，必須教他們以必要的方針，包括道德層面，倫理層面，以及社會層面。很顯然，我女兒的學校就需要這種教育。我非常開心。

化危機為轉機

在佛特斯努力撫平旅程學校面臨的第一個網路事件那幾週，我目睹啜泣的學童、憤怒的家長及困惑的老師穿梭校長室，便問他我能否為小女兒那班六年級生教授「數位公民」課程。我向他保證（並暗中祈禱這項保證可靠），這有助避免再出現類似狀況。他沉吟大約三秒：「那你什麼時候可以開始？」

「當時我根本不懂『數位公民』是什麼，」佛特斯說，「但我知道絕對不能無所作為。很明顯，數位媒體相關問題勢必再起，我們必須主動預防，不能被動因應。我知道自己需要協助。」[31]

網路公民教育如是誕生

佛特斯讓我將校方每週的公民課調整為「網路公民課」，也從此展開我的中學教學生涯。至今它成為一個延續三年的每週課程，涵蓋數位素養的全部面向——數位公民（數位工具安全負責的使用），資訊素養（如何尋找、擷取、分析、運用網路資訊），正面參與的媒體素養（以批判性思考分析媒體訊息，包括「假新聞」）。佛特斯鼓勵我把整套課程放上網供其他學校使用。就在此時，全美有超過四十個州（及其他四個國家）教授網路公民，內容也持續增長。藉由此書，我希望有些精華也得以深入你家。

數位世代的公民課

探討公民意識的這門學問，來到今天有著全然不同的意義。這個時代，我們既是自己城市國家的公民，也是網路世界的公民。創設公民大學（Citizen University）兼阿斯彭研究院（Aspen Institute）「公民與美國認同計畫」（Citizenship and American Identity Program）執行長的劉柏川，曾在一場引人入勝的**TED Talk**中如此形容公民學：「學會在一自治群體中，成為利他且能幫忙解決問題之貢獻者的一門藝術。」[32]

我很喜歡這個定義，也想不出有比網路社群更為「自治」的團體。你想得出嗎？就以青少年互通有無、流連忘返的社群媒體——如：Sanpchat, Instagram, YouTube——來說，它們大多缺乏家長、網路警察、警衛或任何法條的監管，確保用戶守規矩或保障安全。在這些地方，孩子只能靠自己摸索嘗試成為好公民。

劉柏川進一步闡釋公民學，這次他引用微軟創辦人比爾・蓋茲的父親老比爾・蓋茲（Bill Gates Sr.）所說的話。老蓋茲說，公民學就是「積極生活，如此而已」[33]。這番形容深得我心，尤其劉柏川認為那所指涉的包含：

- 各種價值的基礎。
- 對各種讓世界運作的體系的理解。
- 讓你得以追求各項目標的整套技能，且鼓舞其他人加入追求行列。

我就是希望透過網路公民課做到這三件事情。帶著孩子進行一系列圍繞科技的討論與活動，我想假以時日，我們能實現這些目標。這樣建立「數位素養」——恐怕是孩子目前最需要的重要技能，你看他們花多少時間在科技上面——的全方位途徑，能達到很重要的一個終點：讓孩子擁有超能力，得以安全地悠遊線上與線下。

> **數位素養**談的不只是科技上的知識，它包含各項道德、社會、省思的課題；無論在工作或學習、休閒或日常，都有牽涉[34]。

實驗奏效！

旅程學校進行幾年網路公民課程後，當初我跟佛特斯提出的保證實現了，讓我鬆了口氣。他跟我說他幾乎沒再碰過什麼科技引發的問題，「那在二十一世紀的學校幾乎絕無僅有。」更棒的是，這學校的學生在標準化的測驗成績不斷進步，並未如當初很多人警告的，犧牲正常學科的寶貴時間會導致退步。採訪過佛特斯，《學區管理雜誌》（*District Administration Magazine*）於二〇一五年登出的一文指出：「實施網路公民課後頭兩年，本校學業成績指數從七六六提升至八七八——創下本校最高紀錄。」文章另外補充，「自二〇一一年起，校內僅傳出三起不良數位行徑或網路霸凌，近兩年完全沒有。」[35]

「如果沒給孩子這樣的教育，絕對是個賭博。」佛特斯說。

每個孩子都需要

教導孩子成為安全、謹慎、道德的科技使用者，不必然——也不可以——只在教室裡進行，這也是會有此書的原因。家長與照顧者，跟孩子在家進行也能達到同樣目的。那有點像在蓋房子，你得先打下堅實地基，再幫孩子建起能讓他們安身立命的架構，他們即可享受與更大社群互動的好處。

你會看到這本書就是如此安排的：

- **第一部：打好基礎**。孩子的房屋必須建築在一個可靠的地基，第一篇就教你如何著手。你在孩子還小時教會他們的技能，在他們長大時會看到很棒的成果。
- **第二部：健全發展**。下一步是教孩子打造一堅固的本體，涵蓋四根強壯的柱子，能為他們擋住任何強風。你們一起付出多少努力，就得到多安全的房子。

- **第三部：善用影響力。**好玩的來了。有了扎實的地基與可靠的架構，第三篇會教你怎麼協助孩子與網路上全新的社群與機會連結——懷著審慎及自信。讓他們能善用數位科技學習、鼓舞、受鼓舞，並與世界分享他們獨有的天賦，就是最終目的。

為了幫你完成這項打造計畫，此書且附有親子可一起進行的活動，名為「網路公民時間」，能幫孩子與家人共創一個安全、快樂而健康的科技關係。

從哪起步呢？從頭，像我一樣。

網路公民時間

每年秋天，我迎來一群急著投入網路公民課程的小六生。畢竟他們知道，這堂課將探討那已花了他們好多心思與時間的東西：科技。每次一開始，我總要問同樣一個問題：說到「科技」，你會想到什麼？學生爭先恐後提出他們喜愛的各項科技——智慧型手機、平板電腦、電玩遊樂器、電腦、筆電、智慧手錶等。幾乎沒人提及電腦以前的任何科技。

新科技其實與人類同齡，許多都為當時的社會帶來巨大的改變及焦慮。拿鉛筆來說，這項書寫工具發明時，很多人擔心它將終結口述史。偉大的哲學家蘇格拉底警告說，它會「導致學習者的靈魂健忘，因他們不再運用記憶力。」[36]

幾世紀後另一個新科技——印刷機，也帶來類似的恐慌。忽然間，龐大的資訊能快速便宜地普及，有人難以接受。為人景仰的瑞士科學家康拉德．格斯納（Conrad Gessner）甚至擔心，這股資訊潮將對心靈造成「困惑與傷害」。[37]

感謝天，最終人類接受了這兩者，儘管當初這兩項發明都曾引發擔憂、抗拒與恐懼。學生們聽到這些故事，馬上聯想到今天的科技。他們說，他們的爸媽對智慧型手機也頗多顧慮。

幫孩子了解科技造成的社會影響，是個重要的起點。《數位社群，數位公民》（*Digital*

Community, Digital Citizen）是我很推薦家長看的書，作者傑森・歐樂（Jason Ohler）為阿拉斯加大學（University of Alaska）教育科技暨虛擬學習的榮譽退休教授，也是菲爾丁研究生院媒體心理學博士班教授，他主張要敦促學生成為他口中的「科技偵探」（de-'tech'tives）（參見下面活動）。歐樂就讀多倫多大學時，師從知名的媒體理論專家馬歇爾・麥克魯漢（Marshall McLuhan），「媒介即訊息」（the medium is the message）這句名言即由麥克魯漢率先提出。歐樂記得麥克魯漢說到，歷史上出現的每項科技，是如何地把人們拉近又扯遠。拉近，讓那些新工具非常迷人（想想電話，使人們終於能與遠方親友交談）；扯遠，也許是我們所擔憂的後遺症，或是一開始沒料到的（電話也取代了面對面的溝通）。我記得我的父母就不高興電話減少了家人的連結。當我們兄弟姊妹有人因為跟朋友打電話而沒好好吃飯或耽誤家事，他們會發脾氣。就像當今父母，他們覺得科技使孩子沒做該做的事情。

我採用歐樂的活動數百次，對象包括大人小孩。小孩樂在其中，而那教育意含對成人也意義深遠——特別是對那些非常排斥科技的人。不管你是否如此，請花一點時間跟你的孩子進行以下活動。

扮演科技偵探

你跟孩子可以透過以下步驟，探究科技在史上造成的影響：

一、舉出三種歷來曾有過的新科技或「工具」——鉛筆、弓箭、微波爐、收音機、電話、汽車，或其他任何科技。

二、你們一同思考，這每項工具如何讓社會變得更好或更糟。進一步說，你們討論每樣工具如何拉近人們，又如何扯遠彼此。舉個例子，當我要學生做此活動時（以弓箭為「工具」），他們提出這樣的答案：弓箭拉近人們，因為從此打獵變得容易，大家更能一起烹調吃喝（有個學生說，當邱比特射出一箭，就造成愛的連結！）而另一方面，弓箭拉大了距離，因為從此能夠單獨狩獵，無須再成群結隊捕殺大型動物。此外，若以弓箭作為武器，造成的鴻溝更加巨大。

三、最後討論今天的科技——具體說，智慧型手機——是如何拉近及扯遠了使用者。坦誠討論這項新工具的優與劣。

手機問世前的生活？

這個問題似乎愚蠢，但大多數的孩子並不記得沒有手機或上網產品的世界，而你記得。所以請鼓勵他們拿出「科技偵探」的本領，調查你如何在欠缺目前看來不可或缺的工具之下活存。

我跟學生進行這項活動時，他們超愛分享自己當偵探的成果。他們驚訝地發現，爸媽曾得在口袋放零錢好使用公共電話，或放學後跟朋友在真實生活中一道玩樂——而不需借助社群媒體。有的學生把爸媽從某個抽屜找出來的摺疊手機甚至黑金剛手機帶來班上；全班同學看到這些古物時的興奮模樣，讓你以為他們是從校園挖出一具恐龍殘骸。

讓孩子訪問家中長輩

一、讓孩子訪問你（或爺爺奶奶、較有年紀的親戚），以探索你在手機問世前的生活樣貌。

確保有包含這些問題：

• 沒有手機你怎麼生活？

• 你曾有過早期的手機嗎？如果有，它長什麼樣？

• 你覺得，有手機之後，生活變好還是壞？

二、告訴孩子你這輩子碰過的一切數位發明，以及對你的生活造成的正反影響。

認識公民守則

現在每個孩子都會用科技與人以各式手法連結，成為你也許知道或不知道的網路社群的一位「公民」。在線下世界要當良好的成員很容易——實體世界有條例與法令，及時間釀造的種種常規——在網路則不然。很多網路社群沒有條例、法令及常規，即便有，孩子也常搞不懂（就說那藏在大多遊戲或社群媒體網站的「使用條款」中的年齡限制吧）。再者，誰會在乎你打破了網路規定？

所以你一定要讓小孩知道五個「公民守則」[38]。告訴他們，好公民——線上線下皆然

——要展現以下特質：

- **誠實**：要坦誠公正。好公民對己對人都要誠實。
- **慈善**：關心他人，敬重生命。惻隱之心使公民與世界產生情感連結。
- **尊重**：展現禮貌或體貼，對人如此，甚至對無生命的東西或想法也如此。好公民應尊重律法，敬重一切有機體。
- **責任**：有擔當，肯負責。公民應了解其行徑會對他人造成影響，或好或壞。
- **勇氣**：做對的事，即便那不受歡迎，有困難，甚至帶來危險。歷史上許多人——包括小馬丁·路德·金，蘇珊·安東尼（Susan B. Anthony，譯注：美國女權運動領袖），聖雄甘地——都展現出偉大的勇氣。

很多孩子都沒想過，這些公民準則要用到網路；這很糟，因為那可以讓網路更安全祥和。就像足球沒有規則或裁判就一點也不好玩，沒有基本規矩、準則的網路世界，終究要讓每個人失望。

許多好孩子以為，他們在網路可以表現的跟在實際生活截然不同。舉例：假設我在你家問你九歲女兒幾歲，我應該會得到實情，那可能是因為你女兒知道她有誠實與尊重的責任。人在實際生活就是這樣表現；你跟其他成人會如此表率，大多孩子也明白應當如此。

再設想情況發生在網路。假設你的小孩想在Snapchat開個帳號，也許「他每個朋友」都有一個，所以他也想要。儘管Snapchat跟多數社群媒體一樣要求用戶至少要十三歲，小朋友卻只需要鍵入個假生日，好啦，馬上就有個帳號了。他們大多都沒多想自己漠視了第一條公民守則：誠實。假如每次有小朋友告訴我：「沒人會在乎你在網路謊報年紀。」我就能得到一角錢，我大概已可買下加勒比海一座小島。但我在乎，我這樣告訴他們。相信你也在乎。我不認為任何人會想把誠實（或同情、尊重、責任、勇氣）扔到窗外。

這個活動能幫你的孩子了解，如何成為一個跟實際生活一樣好的網路公民。這麼做：

一、跟孩子解說上述守則，告訴他們，那是現實生活好公民應有的表現，是文明經年累月建立起的準則。

二、跟孩子談他們在現實中所屬的各種社群：運動團隊、教室、城市、國家，甚至家庭。要他們告訴你，在任何一個群體他們會怎麼表現這些準則。務必要討論到，如果哪個群體不遵守這些準則，會出現什麼狀況。

三、跟孩子談起他們或你所屬的網路社群——例如：某社群媒體或遊戲群組。問他們，這些公民守則在這些群體可如何表現。記得要他們發表意見，萬一某社群不遵守這些準則，情況會如何。

我每年都會要學生用一句話或一張圖，來描述各個公民守則在他們所屬的真實群體中如何展現。去年有個小六生布雷克．赫斯特（Blake Hirst），蹦蹦跳跳來到教室，向全班揮舞他寫的文章，急著要跟大家分享。他是這麼寫的：

> 老師要我報告我歸屬的社群怎麼展現公民意識，我決定以我們的班級舉例。希望你喜歡！
>
> **誠實**：假如有兩張數學考卷沒寫名字，老師問你哪一張是你的。一張成績比較好，另

一張不理想。後面那張是你的。你會說成績好的是你的嗎？你應該會誠實地承認你是考不好的那張。這是誠實。

慈善：這可以是在他人需要時伸出援手。我們學校有時候會有「慈善校園」活動，大家會幫忙清掃，或寫信感謝師長。這算是慈善的小小表現。

尊重：尊重是每個人都應該有的一種價值。舉例來說，尊重就是不在上課時一直講話，或是不在他人背後說壞話。我想，假如世上所有人都懂得尊重他人，自己也會更好的。

責任：假設你上課遲到，因為你跑去打籃球，這是不負責任，對吧？負責意謂你一聽到上課鐘響就會即時離開球場，馬上回到教室。

勇氣：也許你在學校看見有人衝著你朋友或某個不受歡迎的人而來，而你挺身而出，那就是勇氣。如果被欺負的是你，你不以牙還牙就是勇敢的表現。這是公民應有的最基本品質之一。

好，這就是我的公民報告，希望你覺得有所收穫，看得愉快。

第一部

打好基礎

第一章

學齡前的數位教養

我們可能最需要一種應用程式，能提醒父母在家擺脫自己那些螢幕，與孩子真實相處。

——瑪麗・艾肯（Mary Aiken）

《網路連鎖效應：數位科技與現實生活間的網路心理學》（*The Cyber Effect*）[1]

當一個小寶貝來到世上，產房八成會有智慧型手機捕捉第一個鏡頭。那個影像將出現在臉書或Instagram（IG），或透過簡訊傳到叔伯姑嬸爺爺奶奶手中，他們又再分享到自己各個社群。就這樣，那個小嬰兒已然成為數位世界的公民之一。

協助那位小數位公民建立一個牢靠基礎，讓他能挺過數位年代瞬息萬變的天候與流沙，開始的很早。親友們建構著孩子的數位生活，孩子們隨心所欲地接觸移動設備，一切開始的愈來愈早。在美國，幾乎所有八歲以下的小孩（百分之九十八）家裡有某種移動裝置，將近一半（百分之四十二）有屬於自己的平板電腦。二〇一一年到二〇一七年間，他們使用移動裝置的時間增加三倍——從一天僅五分鐘，提高到一天四十八分鐘——而他們面對螢幕的時間裡，三分之一是使用移動裝置[2]。更驚人的是，一歲以下的小朋友有百分之四十四，每天都有在用移動式設備，到了兩歲，這比例躍增至百分之七十七[3]。

你可以四處發現證據——車上、餐廳等公共場所，小朋友的小小腦袋埋在智慧型手機或平板閃閃發光的螢幕上。這樣的姿勢甚至有個專屬名稱。整脊醫師狄恩·菲斯曼（**Dean Fishman**）於二〇〇八年檢查一位抱怨頭跟脖子痛的年輕患者後，提出「簡訊頸」這麼個名詞，就是一個人長期低頭對著移動設備的結果。地心引力拉扯頭部[4]，那可重達四·五四到五·四五公斤，這樣的重擔壓迫到頸子即可導致脊椎逐漸失去弧度。

我無時無刻沒看見學步兒正在形成簡訊頸。最近一個令人目眩神馳的冬日早晨，我騎單車沿著加州海岸就碰到五個坐在推車裡的學步兒，每個都埋首在某種電子儀器，全然無視海鷗尖聲爭奪一片垃圾、衝浪者屏息等待大浪再起、亮紅燈的吉普救護車開過身邊、大群鵜鶘低飛於大海表面。這五個孩子錯失這一切以及更多，因為他們的注意力完全鎖在螢幕裡。

世界最理想的保姆

移動設備是很讚的保姆，它們能安撫躁動的孩子抓住注意力，忙碌的家長便能去做晚餐、檢查電子郵件，甚至去跑個步。二〇一四年一份針對費城一個低收入、少數族裔社區、六個月大到四歲小孩的調查顯示，他們幾乎全都碰過家長視為「保姆」的移動設備——當家長忙於家事（百分之七十），在公共場所讓孩子安靜（百分之六十五），處理雜事（百分之五十八），睡覺前（百分之二十八）[5]。父母之責無時而盡，對許多人而言，教養子女根本是負擔不起的奢侈。再者，超過四萬種應用程式與遊戲被歸類於「教育學習」，父母確實可振振有詞地說，小孩從中多少能學到點東西[6]。蘋果的App Store中，學齡前／學步兒階段最受歡迎，在高價應用程式中占百分之七十二[7]。會有什麼壞處呢？

這就是問題所在，我們不知道答案。說到底，iPad甚至不到十歲；就科學研究而言，還只是個嬰孩。最早使用它的學步兒，目前也只剛剛踏入青少年階段，因此它對孩子造成的影響尚無定論[8]。

二〇一七年末，聯合國兒童基金會出版的一份完整文獻就說：「這方面的相關研究仍存有諸多理論與方法上的缺失，使得至今彙整的各項證據不夠可靠，難下定論。」[9]近期才紛紛出現的平板電腦、智慧型手機等移動設備，其短期現象產生之長期影響仍屬未知。孩子就這麼成為一場重大實驗的白老鼠。

我向潘蜜拉．赫斯特—德拉．皮埃屈拉（Pamela Hurst-Della Pietra）博士請教這個問題。她一手創辦「兒童與螢幕：數位媒體與兒童發展」（Children and Screens: Institue of Digital Media and Child Development），一個倡議數位媒體如何影響孩童的非營利機構，屬全國性跨學科之研究組織，集結醫療、社會科學、神經學、教育等各界專家，研究有關兒童與科技的三項重大議題：

一、科技如何增進或傷害兒童擁有快樂、健康、有創造力之生活的能力？

二、透過電子媒介的互動，多年下來如何形塑兒童在肢體、認知、情緒及社交上的發展？

三、我們該有何作為？

「家長要了解這一切都還太新，我們尚未有太多定論，」赫斯特—德拉．皮埃屈拉跟我說，「在此同時，數位與人的距離卻又大幅拉近，現在你可以帶著這些產品到任何地方。這有不少很棒之處——例如跟親友視訊——風險也有，而且我們還沒清楚的認識。但我們知道，孩子在各個發展階段有必須達到的里程碑，才能充分發揮潛能。」[10]

協助孩子在網路世界充分發揮潛能

全球兒童與青少年占網路使用人口約三分之一，但他們使用的科技卻並未將他們的發展所需放在心上[11]。今天這些產品長期會對小孩造成什麼影響我們還不清楚，對於健全的兒童發展則所知甚詳。

嬰兒需要在三度空間的真實世界裡，體驗豐富多面向的經歷。他們需要能充分用手探索，需要與關懷的大人實際接觸[12]。有人唸故事給他們聽，跟他們講話，與他們玩耍，也有其他小朋友真正地玩在一起，他們就能茁壯[13]。走進大自然讓他們欣欣向榮[14]。而螢幕——不管是電視機、平板電腦、智慧型手機、遊樂器、電腦甚至能連上網的玩具——並不能提供與真實世界一模一樣的體驗。

透過進一步的瀏覽，就能理解何以嬰兒需要這些真實體驗。新生兒擁有萬億個大腦細胞或稱神經元，有待開發。這每個小小細胞各自又有兩千五百個突觸——負責在神經元間傳達訊息。當電流信號通過這些神經元，突觸受到刺激；就像遙遠村落之間的人徑，每一次使用或刺激，道路狀況就愈好，遠方村落也漸漸有如近鄰。嬰孩出生以來的每一個體驗都會刺激這些連結，重複的體驗又使之強化，塑造出孩子長大後的舉止。

另一方面，小孩不曾體驗到的東西，跟他們實際體驗到的同樣重要，因為那也會影響大腦發展。神經元若沒派上用場——或說突觸連結沒有重複刺激——就會被削減，留下的連結繼續強化[15]。受到刺激的突觸不斷強化，成為兒童將來認知功能發展的永久基地。

雖說兒童腦部這種固化或「心智之複雜構圖」持續發展到二十來歲，大部分的重要基礎卻完成於出生到三歲[16]。這段極為關鍵的發展期，孩子需要由周遭汲取特定體驗，成長中的大腦才能獲得適當刺激，為將來各種人際關係奠定良好基礎——不管是線上還是線下。

孩子們需要愛的專注

嬰孩需要一種特定的刺激，就是來自父母或照顧者的深情凝視。若沒有臉部表情與眼神接觸的刺激，後果可能不堪設想。在《網路連鎖效應：數位科技與現實生活間的網路心理學》（*The Cyber Effect*）一書中，作者暨網路心理學者瑪麗．艾肯（Mary Aiken）博士寫道：「過去一世紀的許多實驗顯示，兒童前期這段關鍵期若遭感覺及社交剝奪，不僅將導致災難性的後果，且將影響他們日後發展。」[17]

當爸媽花更多時間深情凝視他們的手機而不是嬰孩，會是什麼狀況？艾肯認為，長此以往這些嬰兒可能無法面對面與人溝通，比較難與人建立深刻連結，也較難感受及付出愛。

我教的這些中學孩子雖離襁褓久矣，似乎仍非常渴盼父母或照護者的關注。他們常抱怨，當他們在比賽籃球或排練舞蹈中間抬眼望去，發現爸媽正低頭盯著手機時，感覺真有夠糟。「超爛的！」不只一個孩子這麼跟我說。這已經令人難過，想到嬰兒得不到適當關注，就更使人喪氣。家長、照護者未給嬰孩所需的眼光，會對整個世代造成何種長期影響，仍有待觀察。

盯著螢幕相對剝奪孩子花在其他方面的時間：聊天，遊戲，跟爸媽朋友互動，從事創造性的活動等。很明顯，當爸媽的心思都在手機或電腦，自然不大跟孩子談心玩耍；若孩子專注在這些東西——這情況顯然愈來愈多——也就不會跟爸媽或朋友聊天互動。

發展及行為科研究醫師、也是兩個小孩的母親——珍妮・雷德斯基（Jenny Radesky），想了解大人在小孩身邊多常使用移動設備，便進行了一項後來廣受引用的研究[18]。她跟團隊暗中觀察五十五位照護者，通常是爸爸或媽媽帶著一個或更多的孩子，地點是波士頓附近一間速食店。這五十五名觀察對象中，有四十位用餐當中使用設備，從頭到尾都在用的有十六位。觀察員注意到，這些十歲不到的孩子為了博取大人注意，手段逐步激烈；大人通常一開始不予理會，終於反應則是責罵小孩，似乎完全沒察覺孩子需求。究竟這種只顧電子設備而漠視孩子的情形，長期將對孩子造成什麼影響，至今尚未能有全面性的研究。

不妨參考行為心理學家愛德華・區朗尼克（Edward Tronick）在一九七五年做的「木無表情實驗」（still face experiment）[19]，那是早在移動設備搶走父母的心之前。區朗尼克的實驗很簡單：母親們與她們六個月大的嬰孩進行普通遊戲，包括模仿彼此臉部表情；接著媽媽受指示霎時變臉，臉上毫無表情或完全「木然」，持續三分鐘。一開始嬰孩們都熱切地想跟媽媽重新連結，但若母親一無反應，孩子會出現愈來愈明顯的苦惱困惑，最終調開眼光，顯得悲傷絕望。

這項常被複製的發展心理學實驗，證明對嬰兒來說，缺乏正面互動要比違反一般互動可怕。即便成人，若伴侶只顧手機而「木臉相向」，也令人難以忍受。「打敗離婚」（Divorce Busting）機構裡的蜜雪兒・威納—戴維斯（Michele Weiner-Davis）寫道：「每回你不理配偶或他／她不理你，不管你表面看來如何，實際反應都跟那嬰兒無異。」[20]

一言以蔽之，小孩們——婚後的大人顯然也是——渴望真實的人性接觸。因此，當你或小小孩多半盯著螢幕而非彼此，重要的神經路徑大概就受不到足夠刺激，阻礙建立人際關係的重要能力。就像艾肯所說的：

> 嬰兒的需求不在高科技……事實證明，科技對（嬰兒的）健全發展不利。到目前為止，沒有任何電子設備或應用程式能取代你跟孩子的擁抱、講話、歡笑、玩個蠢遊戲、牽手，或讀一本書。我絕對相信有朝一日，科技研發者會創造出能大幅提高嬰孩及學步者學習能力的應用程式，屆時這些電子螢幕將極富教育價值。但在那天到來之前，我們最需要的是一種能提醒父母在家應當遠離螢幕，跟孩子好好相處的應用程式[21]。

數位奶嘴

一個螢幕確實能讓大哭的孩子瞬間安靜，但對你們雙方來說，長期影響恐怕全然有別於你的想像。

赫斯特—德拉·皮埃屈拉博士，很擔心這種以3C產品當作她稱之為「數位奶嘴」的現象。「當父母這麼做，」她說，「嬰幼兒就學不會自我安撫，而那是一項非常、非常重要的技能。」她主張要給孩子提供「促進探索與驚奇的活動。像積木這類傳統玩具經過時間驗證，大家都知道它們對小小孩的諸多益處。而讓小孩偶爾感到無聊，其實也不是壞事。」[22]

要讓孩子體驗無聊，在這各方處心積慮爭奪他們注意的數位世界裡是愈來愈難了。畢竟他們在螢幕上看到的、可做的事那麼好玩！螢幕的瞬息萬變，扣人心弦的情節，在在讓實際生活顯得乏味無趣。屈服於孩子玩數位遊戲的要求，可能造成他們在關鍵發展階段，受過度刺激而失去專注能力，尤其是兒童前期[23]。

二〇一五年，我參加赫斯特—德拉．皮埃屈拉於加州爾灣大學（UC Irvine）舉辦的研討會。迪米區．克里斯塔基斯（Dimitri Christakis）在西雅圖兒童醫院附屬兒童健康、行為與發展中心（Center for Child Health, Behavior, and Development）當主任，根據科技對小朋友影響的研究，他做了精彩的簡報：小孩在一到三歲電視看得愈多，七歲前出現注意力缺失問題的機會愈高。一天看一小時電視，注意力缺失問題的出現機率就增加百分之十。相反地，小孩三歲前得到的認知刺激愈多（像是大人唸書給他聽或跟他講話），就比較不會有這方面的狀況[24]。

電視的過度刺激，也立刻影響年幼的敏感大腦。維吉尼亞大學（University of Virginia）學者發現，學前兒童只要看九分鐘步調快速的卡通，做起需要專注力的事，就明顯不如花二十分鐘畫畫的小孩[25]。

這兩項研究都是針對電視而非今天的互動科技，但電視與收音機等相關調查，仍是我們試圖了解新螢幕如何影響小小心靈的最佳借鏡。

真人互動與視訊

對兩歲以下的小小孩而言，螢幕效應幾乎都屬負面，尤其在健全發展的兩個重要層面：語言發展與執行功能[26]。

先看語言發展。許多研究證實，收音機與電視對兩歲以下幼兒的語言發展沒有幫助。一項針對十二到十八個月大的幼兒設計的研究，試圖了解他們透過螢幕學習二十五個新字容易，還是透過與真人互動。實驗組連續四週，每週多次觀看包含這些字的光碟片；對照組則是由家長每天與幼兒對話時，將這些字派上用場。結果？學到最多字的小孩，都是透過與爸媽互動[27]。與此類似的許多研究證實，嬰兒學語最好是透過與人對話。

幼兒透過螢幕學習產生問題的，不只是語言。另一項研究中，同樣十二到十八個月大的幼兒，實驗組從螢幕看動作的連續步驟，對照組由真人指導。後者學習效果較好。之後這個現象得到一個名稱：「傳遞不足」（transfer deficit）[28]。科學家相信其根源在於——兩歲以下的幼兒尚未有足夠的象徵性思維，不足以理解螢幕裡的東西代表真實事物[29]。

一些針對全新的互動式科技的研究指出，它們對幼兒的影響可能不同於電視及收音機。研究者最近看見，一群十二到二十五個月大的幼兒，與同一名夥伴每日透過視訊（比方Skype）互動一週後，不僅學到新字彙，也建立起社交連結並且能夠維繫[30]。雖然這項研究沒有以現場互動組為對照，但仍值得我們記住，很多小孩不易見到遠方的祖父母等親友，如今證實能透過螢幕產生正面連結，實在令人振奮，即便對小小孩也是如此。

孩子的大腦執行長

電子螢幕如何影響幼小心靈，在所有可能的效應中最值得細細審視的一項，我想應該是對執行功能產生的影響。

如果你不清楚這個名詞，不妨把執行功能想成大腦的執行長，能確保我們專注、擷取、運用腦中資訊，過濾雜音，調整步調[31]。孩子若有執行功能障礙，就難以處理任何需要規劃、記憶、組織或時間管理的事情。隨著孩子就學，必須在班上專心聽課、跟上進度、完成作業、將所學派上用場，這項功能變得益發重要。

執行功能是孩子成長的基本能力。根據哈佛大學一份報告，「獲取這些技能的初期基石，是童年早期階段最重要也最艱鉅的工作之一。（執行功能）足夠的強韌，是童年到青春期以致成年初期健全發展的重要根基。」[32]

儘管眾人關心盯著螢幕太久對執行功能的發展有不良影響，相關研究卻呈現不一致的結果[33]。但我們能夠確定一點：注意力缺失／過動症——某些學者相信是因執行功能不足所致

——有上升趨勢[34]。根據美國疾病管制與預防中心，僅僅在美國：

- 四到七歲的孩子中，每十個就有一個被診斷為注意力缺失過動症。
- 幼兒（二到五歲）有注意力缺失過動症的人數，二〇〇七年到二〇一二年間增加五成以上。
- 兒童患有注意力缺失過動症的比例持續上升，從二〇〇三年的百分之七點八到二〇〇七年的九點五，二〇一一至二〇一二年來到百分之十一[35]。

造成這驚人上升趨勢的原因並沒有共識。是因為社會對此症有更多的認識？更早帶孩子去診斷所致？使用螢幕時間增加？很多人把箭頭指向螢幕使用時間，並以顯示兩者確有關聯（雖不見得呈因果關係）之研究為根據。萊絲莉・奧德曼（Lesley Alderman）一篇登在《每日健康》（*Everday Health*）的文章指出：「最近一項就一三二三名三、四、五年級生，進行為期十三個月的研究發現，每天盯螢幕超過兩小時的兒童，無論是玩電玩或看電視，注意力出現問題的機率可能高出一點六到二點一倍。」[36]

在各方爭論螢幕使用太久是否造成上學注意力不足時，全美頂尖成癮專家尼可拉斯．卡達拉斯（Nicholas Kardaras）博士寫成一書《關掉螢幕，拯救青春期大腦：頂尖成癮專家揭發數位科技破壞大腦功能的恐怖真相》（*Glow Kids*），表示他將「提供多項論述，將矛頭轉向因果關係——意謂螢幕確實會造成注意力缺失。」[37]

螢幕是否讓孩子上學難以專心？

我已養成習慣，碰到教育者就問他們是否認為科技影響孩子上課的專注，其中包括旅程學校的教務長雪莉．葛雷茲—凱莉（Shelley Glaze-Kelley）。二十年來她的角色在老師與行政人員間轉換，長時間待過各個教室。我們兩人曾一起教網路公民課，所以我親眼目睹孩子們看到她有多興奮；他們曉得，她會帶來好玩的故事或帶大家即興跳舞。很難想像這樣的她會抓不住一班小朋友的注意力，但她告訴我：「我觀察到學生最大的差別，在缺乏專注度與能維持專心的時間。十年前我帶四年級，我們開個班會經常是四十五分鐘。但今天我發現，同樣四年級，他們只能維持個十五、二十分鐘，就必須改玩遊戲、做其他活動或聊別的話題。他們的注意集中時間就是不一樣了。」[38]

她相信這是當今教育最大的挑戰。「我們面對一群受到太多刺激的孩子，他們太習慣這個看五分鐘，那個看五分鐘，然後「喔，如果我不喜歡這樣東西，可以馬上滑去別處。」教育者沒法配合這樣的體驗。所以說，學生上課不感興趣多半是注意力無法集中太久，那是非常大的問題，也讓老師極為頭痛。這已成為今天課堂上一大挑戰。」[39]

我也發現這很難。現在，一小杯拿鐵已不足以讓我撐完週一在旅程學校的連續四堂課，得要大杯多加一份義式濃縮。而這樣的咖啡因，有時仍不足以提供與學生匹敵的能量。什麼造成他們如此靜不下來？從他們唧唧喳喳的話中判斷，是電玩遊戲，是他們在學的程式語言，是他們觀看的YouTube影片，是他們擺弄姿態、辛勤拍攝的照片，是大家參與的群組交談。當大人擔心孩子上課無法專心，這群孩子卻似乎頗能投入他們在網路的事情。

同樣情況發生在我訪問過的每間學校——無論大小，公立私立，媒體態度嚴謹或放任。所有的孩子都熱衷科技，很有想法。即便盡力不讓小孩接觸科技的家庭，也不得不在科技霸占一切的世界養育他們。這點無法改變。但葛雷茲—凱莉說得沒錯：這項文化變遷令所有人都難以度過學校的一天。無論用什麼辦法，我們得協助孩子取得必要的能力，在線上線下都活得很好。

這項任務必須展開，尤其當你有小孩，也還有點掌控力時。注意電子螢幕對他們的潛在影響，包括社交技能、語言發展、專注能力。趁著還有機會務必打好基礎，等將來他們瘋起一切科技，這所有的努力將非常值得。

就像赫斯特—德拉·皮埃屈拉博士說的：「我不是說科技不該存在，它可以帶來巨大的好處，但也潛藏龐大的風險。釐清那些風險並設法減到最低，是我們的責任。」[40]

好處極大化，風險降最低

除非你打算用紙袋牢牢套上孩子的小腦袋，他們終將會遇上各種螢幕——很可能是互動式的。你也許鐵了心要保護小寶貝不受侵襲，那在今天卻是不可能的任務。

「這方面我是個實務派，」大衛．克里曼（David Kleeman）這麼說，「每個家庭得看情況過日子。」[41]克里曼自稱是個巡迴的兒童媒體專家，他在Dubit公司擔任全球趨勢資深副總，該公司位於英國，是提供策略與研究顧問的數位工作室。他帶領兒童媒體產業發展有益兒童的長遠事業超過三十年，換言之，他也看到太多家庭如何與這項議題奮戰。

「零到兩歲的小孩沒必要用3C產品；這些東西並不能提供任何對他們將來重要的好處。」然而另一方面，克里曼也告訴我，他覺得家長也不需因讓小孩接觸螢幕而心生愧疚。

聊到這兒我想到有一次我到一所學校演講，這學校嚴格杜絕科技。一位年輕媽媽舉手問我，她做飯時如果讓學步兒用她的iPad看幼兒節目，是否妥當。「我整天帶小孩，到傍晚就累個半死，有時候我真的需要一點時間做事。」雖然我贊成這學校不讓幼兒接觸螢幕的規定，這種情況卻值得通融。我想到自己許多時候也累到不行，老公出差，我要煮飯，兩個小孩拚命喊無聊。還好有史提夫．伯恩斯（Steve Burns）——〈藍色斑點狗〉（*Blue's Clues*）兒童節目那令人目不轉睛的主持人；若不是他，我那兩個幼兒大概早已餓死。我就這樣回答那位年輕媽媽，我們盡我們所能。

「我不主張禁絕科技；我也不會說它多好又多好。我說我們該給所有家庭足夠知識，讓他們能妥善拿捏。」克里曼說[42]。如果以前人們懂得怎麼跟新出現的工具相處，我們當然也能找出跟眼前新科技的共處之道。

循序漸進的引進科技

二〇一二年，全美幼兒教育協會（National Association for the Education of Young Children）與弗烈德·羅傑斯中心（Fred Rogers Center）發表聯合聲明，協助早期教育者理解如何依據學生發展需要，適時使用科技[43]。雖說是在科技年代之前遠古的二〇一二年，艾瑞克森兒童發展研究院（Erikson Institute）早期科技中心（Technology in Early Childhood Center）主任齊普·唐納休（Chip Donohue）博士說，這份聲明「通過了時間考驗」[44]。唐納休也是該聲明起草人之一。聲明中的建議，也適用於今日的家長與教育人員：

- 只要目標明確運用得當，科技與互動式媒體能有效輔助學習與發展。

- 目標明確的前提是，早期教育者對這些工具及其產生效用有清楚了解。
- 使用科技及媒體應予以限制，這點很重要。
- 對象若是嬰孩及學步兒，採用科技需有特殊考量[45]。

目前對嬰孩與學步兒面對螢幕時間的建議如下：

- 若幼兒小於十八個月，避免視訊以外的螢幕媒體。
- 十八至二十四個月大幼兒的家長，若準備讓孩子看數位媒體，應選擇高品質節目，並與孩子一同觀看。
- 二至五歲的幼兒，應限制每日觀看時間最多一小時，內容屬高品質[46]。

「我們看到：當科技使用得當且以人際關係為前提，成果十分卓越，」唐納休說，「對於科技，我們的立場已從擔憂進展到探索如何妥善運用的深層對話。」[47]

絕對贏不了螢幕

弗烈德．羅傑斯中心仍有提供方針，指引目標明確地使用科技，看來頗合時宜。許多成人保留著孩提時看《羅傑斯先生的四鄰街坊》（*Mister Rogers' Neighborhood*）節目的美好回憶，我就是。我爸媽每次看到我們五個孩子撲到電視前就拉下臉，深信那有損我們的腦部發育，但他們從不反對羅傑斯先生。我仍清晰可聞他那柔和的嗓音從我家客廳電視傳出，一邊唱著主題曲：「你願與我為鄰嗎？」一邊換上他招牌的開襟毛衣與球鞋。誰忘得了曾神移魂遊到那些「假想鄰居」去探視星期五國王、亞伯琳夫人與貓咪韓麗埃塔，然後搭著城堡那可愛迷人的推車回到羅傑斯安詳靜謐的屋子呢？羅傑斯技巧地運用當時的科技——電視——費心地把各項正面性格教給孩子。我跟兄弟姊妹都記得我們從這位溫和仁慈的榜樣身上學到的東西。即便到了今天，羅傑斯先生依然有力地說明，科技——無論是電視機、平板電腦或智慧型手機——絕對能配合孩子發展，提供正面的養分。

面對現實吧——想對抗那充斥孩子日常生活的螢幕，我們絕對贏不了。我父母對抗不了電視機，今天的螢幕跟著我們四處走，對付程度難上加難。但我們能夠也必須目標明確地使用它們，尤其是小朋友。這包括選擇像羅傑斯先生這類的內容（例如美國公共廣播公司推出的影集《老虎丹尼爾的鄰居們》（*Daniel Tiger's Neighborhood*），以羅傑斯先生的社交情緒理解為本的動畫節目），限制使用時間，一同觀賞，在旁說明，基本上就是隨時關照。抱歉，各位，但要做到以上你得先放下你手邊的3C產品。

當家長、照護者及教育人士忙著應付平板、智慧型手機、聲控家庭音響（如亞馬遜的Echo）、互動式玩具等等，弗烈德．羅傑斯提醒我們，其實眼前是有一條明智大道。

上述那篇聯合聲明的作者，唐納休與凱蒂．帕希嘉（Katie Paciga），在一篇後續報告繼續闡述羅傑斯的幼兒全人發展（whole-child development）理念。他們寫道：「就如同羅傑斯所強調，我們認為幼兒與他人互動仍扮演極其重要的角色——身邊有一位關愛的大人，其意義和影響力，絕非電子螢幕所能取代。」[48]

「螢幕媒體與科技工具的使用，永遠都應該在社交互動的前提下（或有所幫助）。」唐納休說。他建議家長應「理解科技可如何促進互動，深化關係，而非一味地加以阻撓。」[49]套用羅傑斯的話：「什麼都不能取代真正的陪伴。從電視、收音機、電話到網路，新奇的事物不斷，但什麼都無法取代彼此當面互動。」[50]

螢幕世代教養之道

螢幕將與我們共存，這個事實無法改變，但你能調整教養方式。記住幼兒最需要什麼——與關愛他們的人類，面對面地互動。孩子透過這種形式，習得社交技巧、情緒掌控、創造力、韌性，以及最重要的：和他人相處，從別人立場看事情的能力[51]。而這也都是數位模樣的種子。螢幕卻阻礙了這些種子的生根發芽。

你今天的努力將為孩子未來的所有互動打下根基，無論他互動的對象是人還是螢幕。這一切努力完全值得。請力行「幼兒與螢幕」的指導方針：

- **設定界線**。儘量不讓小小孩接觸螢幕，用餐時或就寢前一兩個小時應關閉，孩子臥室不要有任何媒體設備。

- **掌握使用，舉止，內容**。封鎖不適當的內容，參與孩子投入的電玩，把電子媒體擺在公共區域。若孩子在同學家過夜，與對方家長聊聊孩子都做些什麼。
- **規矩明確**。建立家裡對於使用螢幕時間的規矩，澈底施行。別讓媒體影響家人感情。
- **以身作則**。遵守家規，記住：孩子隨時看著你[52]。

假如你決定讓幼兒使用互動式科技設備（請留意美國兒科學會的建議，十八個月大前避免使用），可參考「幼兒使用科技設備與互動式媒體的十大提示」，這是唐納休最近分享在《想像雜誌》（*Imagine Magazine*）中的：

一、**記住：關係是最重要的**。讓幼兒使用科技產品要從低性能、高感性者開始，著重互動、經驗分享、新發現、共同參與。

二、**將科技融入社交情緒的學習**。科技的使用應能促進有益的社交互動，正念，創造力，主動性。

三、**作為一種工具**。科技應該是另一種你能夠交到孩子手中，用來探索、學習、創造的重要工具。其地位應與孩子早期的其他工具不相上下。

四、**相信你的直覺**。重點不在孩子盯著螢幕多久，而是內容的品質，使用媒體的前提，以及投入程度。多留意孩子在做什麼，別僅顧時間長短。

五、**賦權讓孩子善用科技，作為二十一世紀一項學習工具**。慎選科技產品，要能鼓勵孩子追問，探索，發現，記錄及表現他們所知。

六、**提供有益的科技經驗**。端出有趣、互動式的媒體體驗；納入與他人的正面往來；給孩子掌控權；強調互動、語言使用、人際關係；邀他們共同觀賞，一起體驗。

七、**讓其中運用到豐富的語言**。描繪你自己使用科技的情形；孩子在用螢幕媒體時，跟他們聊他們在做什麼，提問，評論；他們用完後向他們建議還能做些什麼。

八、**協助孩子從只是消費媒體，進展到能夠創作**。數位相機這種簡單的工具，配上孩子的好奇心與創造力，就能成為相當強大的媒體製作工具。

九、**注意自己在孩子前的使用狀況**。孩子的媒體習慣及使用時間與型態，就是從觀察重要大人學習而來。

十、**做個媒體導師。**在這數位年代，幼兒很需要能信賴的大人教他們選擇性地活用媒體，保障自身安全。[53]

網路公民時間

與親友視訊

我的好友派蒂．康納莉（Patti Connolly）身為學校發展專家，擔任多所學校的顧問角色近三十年——尤其華德福學校。現在她就建議校方如何循序漸進地引進科技。「你絕不會把廚房刀子放到兩歲小孩手裡，那你也不該就這麼把數位產品拿給他們，」康納莉對我說。她建議：「應當這樣子滿足幼兒天生的好奇心：先讓他們了解這些螢幕是怎麼回事，再學習有目標地使用它們。」[54]又是那個關鍵字，有目標。我請她就這兩點——有目標、循序漸進，以幼兒為對象舉例說明。

康納莉的工作使她與先生（也是一位華德福資深教師暨行政人員）曾到世界偏遠角落輔導各所學校，同時他們也是一對雙胞胎的祖父母，常使用Skype保持聯繫。「這兩個小傢伙不光想要聊天，」康納莉跟我說，「他們還要你四處走動，讓他們看到你周遭的事物，我們就照辦。這正是顯示現代科技能帶給幼兒什麼好處的明證。他們由此了解，科技可用於溝通聯繫。人們總以為螢幕阻絕了彼此，這例子卻證明剛好相反。電子螢幕可繫緊我們與所愛的人。」[55]

你可以這樣做：

一、你可有遠方親友？讓孩子見識你怎麼用螢幕保持聯繫。假如你沒有現成的視訊程式，可登錄一個Skype帳號（或從眾多的免費通訊軟體挑一個，像是谷歌Hangouts或蘋果的FaceTime）。如果你從未使用過這些東西，可到谷歌或YouTube，鍵入「如何使用Skype」（或任何你用的工具名稱）。十幾個教學文案、影片馬上跳出，教你怎麼安裝使用。讓孩子旁觀你如何借助科技學會這樣新玩意。

二、利用Skype（或別種視訊）與親友連上線，請他們用螢幕讓你們看看那裡的環境、他們跟什麼人在一起、或正在做些什麼事。你跟孩子在這端也可以重複做這些。跟你的小小孩說明，這些親友雖然出現在螢幕，其實住得非常遠。孩子的發展階段自會決定他們能夠理解到什麼程度。

凡使用必解釋

每次你使用科技就跟孩子解說，滿足他們天生的好奇。記住，孩子善於模仿。經由觀察記取周遭大人的每個動作，他們學會如何為人。試想他們眼中所見：大人宛如強迫性地抓著手機不放，檢查訊息、電子郵件、天氣、查看視頻上的食譜，還有其他誰曉得的什麼跟什麼。當這許多小小孩長成不能離開手機的青少年，大人又有什麼好奇怪的呢？

要打破這個循環，得從兩個步驟做起：

一、留意自己在小孩面前用手機的時間。

二、當你必須用手機或其他連線產品時，跟孩子說明用途，邀他們一起進行。你可以說：

- 奶奶打電話來，我要接電話看看她是不是都好。你想不想也跟奶奶說說話？

• 我不知道晚餐要煮什麼，我們一起來找好吃的食譜吧。
• 我們明天要去動物園，我得查一下地圖看要怎麼去。你要不要跟我一起查呀？
• 動物園真好玩！我幫你照個相好嗎？這樣以後我們就能記得，我們來這兒玩得好開心。

這個練習另有作用。每次你要用這些裝置就跟孩子解釋，可讓自己警覺有可能過度使用。例如當你試著跟孩子說明：「媽媽半小時之內第五次檢查公司電子郵件。」除非你正處理緊急事件，否則那聽來是不是有點離譜？

運用科技挖掘興趣

幼兒看到大人拚命追電視劇，就認為數位工具就是娛樂用的，沒有其他。結果很可能，你那善於模仿的小娃兒照本宣科——在他們得以自己把玩科技產品時，就毫無意識地追劇。所以，尤其趁著孩子還小，一定要撥出時間示範怎麼運用科技探索自己的興趣。

一、你的小朋友很迷戀卡車、昆蟲或烹飪嗎？用你的螢幕一起來研究這些主題。YouTube

Kids這方面非常有用。但先聽好：不管你打算跟小孩觀看什麼，你自己一定要事先看過。二〇一五年，谷歌旗下的YouTube推出YouTube Kids，動機純善，想為孩子提供只適合小孩影片的視頻，內容主要來自迪士尼與尼克（Nickelodeon）兒童頻道。理論上該網站會自動過濾不妥當的內容。但在二〇一七年尾聲，《紐約時報》報導有兒童不宜的影片躲過YouTube的篩檢流入此平台，小朋友們赫然看到不雅甚至恐怖的影像。其中一則可見黏土動畫蜘蛛人朝《冰雪奇緣》（*Frozen*）的艾莎尿尿[56]。你絕不會想讓你的四歲小孩看這種東西。儘管YouTube宣稱問題已獲解決，但為確保安全，你最好都事先看過。

二、每次延長以十五分鐘為最，恪遵使用時限。記住全美兒科學會建議的：十八個月大以下幼兒不要讓他們看螢幕（除了與親友視訊）；十八到二十四個月大你要隨身督導；到五歲大的幼兒，一天最多一小時。絕對不要任由孩子自己瀏覽，務必一起觀賞，向他們解釋內容。記住，幼兒還不能連結螢幕所見到實際生活，你得負責幫他們解決這點！

第二章

線下技能與線上禮節

電腦能教你如何寫出「擁抱」，卻無法讓你體會得到一個真實擁抱的風險或美好。

——弗烈德・羅傑斯[1]

隨著孩子上學，在你眼下的時間減少，要幫他們建立一個穩固的基礎變得日益艱難。隨著同學開始得到自己的移動設備，你也開始重複聽到孩子這句：「但其他每個人都有啊。」意圖摧毀你的意志。學校也許為各種目的要求他們使用科技，而當孩子開始探索家庭學校之外的世界，就發現其中充滿好好玩的新科技——不斷推陳出新的遊戲機、無線耳機、智慧手錶、人形機器人、虛擬遊樂場、擴增實境應用程式，更多的玩意。要幫孩子與科技建立健全的關係，簡直就是日夜不停的工作，所以朋友，保持堅強！今天你打下的基礎，很快就可以看見美好果實。

有如天方夜譚的昔日學習時光

我們家老大絕大部分幼稚園時光都在戶外度過。感謝南加州田園般景致與美好的氣候，戶外條件讓她的老師有比「教室」更棒的選擇——所謂教室是個老舊的移動設施，天花板磁磚隨著裂痕唧唧作響，日光燈嗡嗡不停。當時公立的實驗學校就是這樣，贊助學區能提供什麼就趕緊租下，以幽暗光線及絲質窗簾遮蔽教室的簡陋。孩子通常先在此度過一小段「團團坐時光」，唱完歌聽完誇張故事，很快便被帶出戶外。騎一陣單車後，大家下車慢慢晃過歷史景點聖胡安．卡皮斯特拉諾（San Juan Capistrano）修道院，步行約二點五公里——三十個孩子開心地蹦蹦跳跳，偶爾停下腳步撿拾樹枝，觀察河床上的青蛙，張口注視黃綠錯綜的斑蝶毛毛蟲，或是往聖胡安溪打水漂兒。來到目的地，一個綠草如茵、林木茂盛的公園，大夥兒盡情跑跳，最後踏上歸途，十二點半準時回校等待家長來接。

現在像這樣自由自在的幼稚園晨光，有如天方夜譚。如今幼稚園小朋友大多待在室內，奮力學習讀寫算數。根據「各州共同核心標準」（Common Core State Standards）對幼稚園的設定，幼兒要能寫出單字、句子、段落，具備建構方程式等九十多項能力。全美超過四十州採用此共同標準，許多學前機構便及早引進科技以確保孩子不會輸在起跑點。

一個都不能少

幾年前某個夏天，我參加洛杉磯一個以教育為主的科技研討會，午餐時剛好與三位幼稚園老師相鄰。我很訝異，忍不住請教，用科技上課跟三、四歲的學生有什麼關係。

「我們會採用互動式白板跟iPad，」他們告訴我，「學生必須做好科技準備。」然後他們熱情無比地解釋，他們如何用科技放影片來教基本的語言及數學。「我們甚至連教具都可以不用準備了。」其中一位跟我說。

我想這位老師口中的「教具」應該是指玩具。我本來要問，但當時我正忙著把下巴從地上撈回來。午餐結束，大家各分東西。

研討會後的週一早上，我腦筋恢復清晰，卻仍困惑iPad在幼稚園有什麼用。於是我上谷歌查詢可能用途。十幾個網站與文章在我眼前跳出，從「iPad很適合學前兒童」到「幼稚園老師必備的十五個iPad應用程式」，甚至「學前教育的科技課程規劃」等不一而足。

全美所有學區領導、校長、老師，全都處於日增的壓力下，得確保學生「做好科技準備」，即便非常小的學生。截至二〇一六年底，超過一半幼稚園到十二年級生都有接觸校方提供的個人電腦設備。全球針對這年齡層的相關市場也逐日升溫。英國研究公司Futuresource Consulting Ltd.追蹤四十六個國家的科技趨勢，指出各國紛紛加碼投資學校科技，以提高勞動力之技能水準[2]。在美國，愈來愈多校區肯定了「一對一」的概念，意謂他們為每個學生備有一台設備——通常是Chromebook或iPad。

明尼蘇達州布魯明頓（Bloomington）的布魯明頓校區，就準備讓區內所有學校一對一。該州教育局的道格·包森（Doug Paulson）接受電視訪問說，提供每個孩子一台設備很重要，因為「電腦既是現在，也是未來。」[3]當記者問到這對教育的改善成果時，他回答：「我們往往覺得科技為我們提供了解答，但我們並未真正先想好問題在哪。」[4]

或許我們該先想好問題所在。這裡提出一個：今天孩子該學到什麼，將來才能快樂、健康而成功——無論線上線下？

網路原住民的本能

當我先生跟我打算把女兒們送進零科技的學校時，很多好意的同事親友覺得我們瘋了，紛紛探問我們的孩子將來如何在數位世界生存。

在我們還沒來得及準備好答案，媒體已為我們提供了一個。《紐約時報》一篇流傳甚廣，名為「拒用電腦的矽谷學校」（A Silicon Valley School That Doesn’t Compute）的文章中，記者麥特・瑞克托（Matt Richtel）提及eBay科技長把孩子送到加州灣區一所華德福學校念書，谷歌、蘋果、雅虎、惠普許多員工亦然[5]。文中採訪的這所學校——加州洛斯阿圖斯半島區（the Peninsula in Los Altos）的華德福學校（也教授網路公民課程）——宣稱，該校學生四分之三的父母具備高科技背景，卻希望孩子愈晚碰觸科技愈好。一位任職過英特爾與微軟的家長說：「融入（engagement）關乎到人的連結，與師長的連結，與同學的連結。」另一位於谷歌工作的家長，在被問到是否擔心孩子的科技能力會不足，「不，」他答道，「科技超容易的，就像學習用牙膏那麼簡單。在谷歌這些地方，我們致力把科技變得根本不用大腦就可使用。孩子長大自然會搞懂。」

這正是我先生跟我的發現。看著十二歲的女兒憑直覺在我的iPhone手機遨遊雲端，或把出現在我電腦上的彈出式廣告殺掉，在在證實了我們的懷疑。有一天我拚命學著使用一個叫Prezil的新簡報軟體，就像我這一代多數的網路使用者，我先認真研讀那無涯的使用手冊。同時間我女兒坐在旁邊用她的電腦。她也打開Prezil，兩分鐘就做出一小份簡報。「你究竟怎麼能這麼快搞懂用Prezil的？」我問她。「你究竟怎麼不能呢？」她反問。

好，看來我女兒不會欠缺科技能力，我卻不知道，面對嶄新的數位世界，她會需要哪些能力。這個答案，我在攻讀媒體心理碩士時找到了。我讀到亨利・詹金斯（Henry Jenkins）

的一篇論文：「面對參與式文化的挑戰：二十一世紀媒體教育」（Confronting the Challenges of Participatory Culture），詹金斯是麻省理工學院（MIT）比較媒體研究（comparative media studies）主任，他與團隊寫到協助青少年刻不容緩：「幫助他們發展出全面參與所必要的文化素養及社交技能」，以安身於全新的媒體環境[6]。「文化素養」和「社交技能」聽起來並不很科技，實際也並不。我後來學到，這些東西可透過與活生生的人打交道獲得，甚至不必用上一丁點科技。

詹金斯稱這些能力為「新的媒體素養」，因為它們塑成一種全新素養——在一個讓孩子不僅觀看媒體，且能透過拍攝上傳影像、留言等創造媒體的環境裡，能夠「讀」與「寫」[7]。要能從容悠遊於這個環境，年輕人需要這類「新」素養：遊戲、表演、模擬、挪用（appropriation）、多工處理、分布式認知（distributed cognition）、集體智慧（collective intelligence）、判斷、跨媒體導航（transmedia navigation）、聯網、斡旋。這一切技術上都屬中立（technology neutral），意謂它們適用於今天的智慧型手機，也適用於將來發明的任何新玩具。湊在一起，它們答覆了這個問題：孩子在此全新媒體世界，需要哪些技能？

新媒體素養

- **遊戲**：能夠就周遭環境進行實驗，解決問題。
- **表演**：能採取不同身分，隨機應變，發現新知。
- **模擬**：能解析重建真實世界的動態模型。
- **挪用**：能有意義地從媒體內容取樣及重組。
- **多工處理**：能快速掃瞄所處環境，必要時鎖定焦點，追索細節。
- **分布式認知**：能與擴大智性之工具進行有意義的互動。
- **集體智慧**：能與他人共建知識，進行討論，達成共同目標。
- **判斷**：能評估各種資訊來源之可信度與正確性。
- **跨媒體導航**：能跨越各種傳播模式深入事件及資訊。
- **聯網**：搜尋、整合、傳播的能力。
- **斡旋**：能縱橫各種社群間，判讀且尊重不同視角，掌握並遵從其他常規。

讀著詹金斯的列表，我想到自己年幼的女兒們，此刻大約正從事於某種有創意、好玩、集體創作、在許多人眼中半點不像在「學習」的活動。實際上，我完全記得當時小女兒正在幹嘛。念小學的她，正利用手做工具，透過打造板凳學數學。就像一般的華德福學校，她們班就是這樣學會衡量跟幾何的基本。我豁然領悟，她也正學著新媒體素養的技能。跟她一起做板凳的同伴叫比利，跟我女兒一樣自信有主見，因此這兩人來回不斷斡旋。這份工作也需要視覺想像（腦中有成品圖像）、判斷（決定何時該度量，何時得鋸掉）、集體智慧（與老師同學確認兩人的進度）、分布認知（運用槌子、螺絲起子、鋸子、釘子等手做工具）。

現在我每次到旅程學校上課都會走過那把堅實的板凳，覺得無比開心，也想起女兒是怎麼學會那些她今天身為大學生所用到的文化素養與社交技能——不管在線上或線下。

不必「數位」也能學會「數位素養」

「新媒體素養專案」（Project New Media Literacies）前研究督導艾琳・萊里（Erin Reilly），

負責詹金斯團隊創造出來的種種資源，包括編纂教育人士能將這些新素養融入實務的指南。現在身為ReillyWorks的執行長兼共同創辦人，她坐鎮學術界與實務界跨界點，協助像我這種人了解新興科技。你想知道孩子該為將來做什麼準備，請教萊里就對了。所以我問她，麻省理工學院十多年前指出的各項技能，到今日可還適用。

「絕對適用，」她跟我說，「我認為今天它們甚至更加適用，因為孩子與新媒體的互動程度更深。那是他們日常一部分，就像上課、讀書、寫字一樣。」她說我們若沒幫孩子學到這類社交技能，他們就不知如何參與網路，「那時他們就出狀況了。」[8]

萊里重申，孩子不必非得坐在電腦前才能學到新媒體素養。她在後續所寫的一篇報告「我們該玩耍嗎？」（Shall We Play?）舉出許多例子，說明各項素養能在任何學校養成，無論高科技或零科技。她也主張若太著重科技，尤其以「人性」技能為代價時，效果恐怕適得其反：

> 一意追求科技為主的作法只會造成軍備大賽，學校不斷提高工具預算，縮減人類資源（如：教師、圖書館員）；而後者能協助學生自律、安全、有創意地發揮工具……就現實

層面而言，這些融入互聯網的核心技巧中，很多現在就可以學會，即便各校擁有的科技資源差距甚遠。事實上觀察某些技能的實踐績效，低科技或零科技環境比起高科技對手，如果沒有表現更好，起碼也是平分秋色。[9]

聽我分享這個訊息的許多家長咋舌不已，最懂科技的那些人則毫不意外。在瑞克托寫了那篇科技人把小孩送去讀零科技學校或家裡零科技的文章後，這做法幾乎已成科技人所趨。二〇一七年末，保羅・路易斯（Paul Lewis）在《衛報》（*The Guardian*）寫道：「許多年輕科技人逐漸擺脫他們自己的產品，把小孩送到矽谷禁用 iPhones、iPads 甚至手提電腦的名校，這現象實令人大開眼界。看來這些人根據年少時對吸毒危險的自覺，遵行了大個小子（Biggie Smalls）歌詞所言：絕對別拿要賣的毒品自嗨。」[10]

同樣地，作家暨程式設計師杰倫・拉尼爾（Jarod Lanier）——許多人視他為虛擬實境之父——告訴《商業內幕》（*Business Insider*）：「家長與科技業牽連愈深，似乎愈在乎孩子與科技的關係。矽谷很多家長就刻意為小孩找個反科技的環境，像華德福學校。」[11]

忽然間，我們把女兒送到公立華德福學校的決定不再顯得怪異，尤其在兩本暢銷書談及這股風潮後。亞當・奧爾特（Adam Alter）在所著《欲罷不能：科技如何讓我們上癮？滑個不停的手指是否還有藥醫》（*Irresistible*）開宗明義問到：「為何全球檯面上最了不起的科技專家，私底下卻最排斥科技？你能想像當宗教領袖不讓自己小孩信教，將引起何等軒然大波？」[12]卡爾達拉斯博士為其著作精裝版寫的前言裡，訪問了黛博拉・朗布瑞特（Debra Lambrecht）；朗布瑞特之前是公立華德福教育聯盟（Alliance for Publice Waldorf Education）行政人員，目前在加州聖拉斐爾（San Rafael）經營一所零科技學校。她告訴卡爾達拉斯，「主張及早學習科技的論述，通常是出於怕孩子落後的恐懼。」她認為，更重要的應該是「確保孩子能善用科技這項工具，懂得拿出最棒的思考、創意及發明。」[13]

佛特斯也這麼說。這位前旅程學校校長如今在加州米爾谷（Mill Valley）領導翠林學校（Greenwood School），該校幼稚園到小五採「零科技」，中學則「科技有明確之應用目標」。據他估計，該校家長有三分之一從事科技業。「這些家長理解，孩子需要大量無螢幕的時間，好能成為當今世界亟需的有愛心、富創意、擅交際、有創新思考能力的人。他們覺得，太早引入科技將成為阻礙。」他說[14]。

如同卡爾達拉斯寫的：「沒有一項可信研究指出，早年接觸較多科技的孩子，學習表現有比零科技同儕更好。」卡爾達拉斯除了是成癮專家、出身常春藤名校的心理學家，也曾任石溪大學醫學院（Stony Brook Medicine）臨床教授。他說：「你若希望孩子將來蓬勃發展，就別任他們在生命初期接觸螢幕。在那至關重要的發展階段，讓他們投身創意遊戲吧。」[15]

該不該走零科技

當我孩子還小，不讓她們接觸科技應該算容易，畢竟那時還無須對付智慧型手機跟平板。儘管如此，收音機、CD、錄音帶，甚至卡拉OK，也比你以為的難戒，我們很快就為一些小犯規於心不安。不只一次（好吧，如果你一定要知道，是每天啦）當我載孩子上學途中，音樂從卡匣與CD播放器相繼傳出，整車高歌當時流行的電影原聲曲——〈獅子王〉啦、〈紅磨坊〉啦、〈阿根廷別為我哭泣〉啦、〈與森林共舞〉（*The Jungle Book*）啦，你想得到的都有，我們來者不拒。我們也聽《哈利波特》（*Harry Potter*）有聲書，每一集兩遍。那些年搭過我車子的每一名成員（八年級以降至幼稚園）都明白這條規矩：車子停靠校門前，音樂還沒關上，誰都不許打開車窗，門也不能透一點縫；我們可不想被逮到違反媒體公約（當年曾是我家高乘載的同夥，假如這是你第一次聽到原委，我向你道歉）。

這段經歷讓我終於領悟，把媒體使用當作吸毒一樣——避人耳目以免被制裁——實在是很糟的示範，同時我也學到三個重要教訓：

- 規定嚴格的媒體使用時間，是挖洞讓人跳。
- 並非所有媒體都一個德行，何必把嬰兒跟洗澡浴巾一起扔掉？
- 在這媒體充斥的世界裡，應有更好的辦法讓孩子準備就緒。

高牆花園擋不住

萊里不相信拒絕科技，不相信嚴格規定使用上限，也不相信她所謂的「高牆花園」——

嚴禁孩子走訪網路其他園地。「我寧可孩子安心地坐在我旁邊，跟我聊他正在網路做些什麼，有問題就問我，」萊里跟我說，「我認為，不讓孩子上網或任他們自行摸索都不對；每個孩子終將會試著摸索，那時他們恐怕沒有必要的指引給予適當提醒。」[16]

萊里的直覺，恰與科技作家暨研究學者亞歷珊德拉・山謬爾（Alexandra Samuel）的發現一致。山謬爾費時兩年研究一般家庭如何管理科技，對象包括北美一萬多名家長。根據她的研究結果，積極引導孩子接觸網路者——她稱之為「數位導師」——孩子與科技的關係最為健全。相對地，那些只注意嚴格管控小孩使用時間的家長——她稱為「數位限制者」——則容易教養出網路行為偏差的下一代。山謬爾如此解釋：「比較起數位導師型家長的小孩，這些孩子偷看色情網站或張貼粗魯、有敵意的言論的機率是兩倍之多；他們更有三倍的機率，會上網冒充他人，也許是某個同學、同儕或大人。」[17]

山謬爾把阻止小孩接觸科技喻為全然的禁慾教育，聲稱兩者都不能竟其功。她承認，限制的確有助加強孩子與人面對面聯結的能力，但要怎麼把這些技能放到網路，她相信這些孩子需要協助。

線下技能連到線上生活

多年來我參訪過十幾所提供網路公民課的零科技學校，課程從小六開始，主要是協助學生將實際生活的能力用到網路上。我相信這樣的小朋友——有機會磨練線下的社交技能與文化素養，進而學著用到網路上——比較能承受數位世界無可避免的壓力，像是：一則無情簡訊、貼文沒得到幾個「讚」、陌生人的侵擾、被要求做出性感姿態、令人難堪的照片被放上網路，或連珠砲一般的三字經——我學生跟我說這在多人連線遊戲時很常見。我用我最後一塊錢打賭，只要更多孩子有機會學到網路合宜舉止的「人性」能力，大人最擔心的網路問題就會消失，包括網路霸凌跟色情簡訊。唉，現在即便很小的小小孩，面對螢幕的時間都比對人多。即使在學校沒用，回家也會，不然就是在朋友家或祖父母家。有人甚至躲在公共洗手間，知道可利用 **Wi-Fi** 借朋友的手機上網（這是真實事件！）。再怎麼出於好意的零科技家庭或學校，都躲不掉一個連線世界呀。

因此，儘管趁著孩子還小限制他們使用科技，以培養文化素養及社交技能最好，但我們得因應不完美的世界。孩子必須有大人——最好是家長，以循序漸進的方式帶領著認識科技。如果家長不擔任「科技導引」，孩子只有在這廣袤的數位太空自行漫遊，沒有可學習的成人，沒有所需要的教導；當他們懂得連上網路，他們更會沉迷在大人禁止的樂園流連忘返。我看過太多次了。還好，其實有更佳途徑可走。

建立數位匝道

華德福長期教育家兼導師的康納莉也有同感。「小孩看爸媽一直滑螢幕，當然也會想用，」她說，「現在3C產品有太多好處，不找到正確途徑教孩子用就太可惜。我們何不把焦點放在科技的優點，協助孩子從這角度切入呢？」[18]

幾年前，我跟康納莉開始討論拒絕科技其實不切實際，應該藉著「數位匝道」，慢慢依孩子發展進程介紹給他們。就像一般匝道為進入高速公路的汽車提供安全途徑，數位匝道是切入資訊高速公路的同樣概念。

今天我們四處跟學校提及這樣逐步引進科技的手法。我們發現，家長多喜歡確切的答案：何時該讓孩子接觸科技，接觸哪些東西，如何引進。與其壓抑孩子天生的好奇心，家長可以根據孩子的年齡、階段，匝道式慢慢導入。此外，把重心擺在正面用途——像是跟親友視訊、學習新東西、發揮創意——頗能養成正面的網路習慣，順利的話可持續終生。

以下是一些「數位匝道」，也許你家用得上：

零至二歲	• 與親友視訊，家長讓孩子坐在腿上，隨時解釋。
三至六歲	• 一同觀看教育性質的內容，家長隨時解說。 • 一起寫電子郵件給親友。 • 共同傳送簡訊照片給親友。
七至九歲	• 一起玩有益兒童的電玩遊戲。 • 一起找創意性的應用程式來用，像是畫圖程式。 • 用網路寫備忘錄，存取食譜、作業提醒等。 • 全家旅遊後，寫下數位日記，把拍攝的照片／影片貼上網。
十至十二歲	• 一起進行學校指派的研究。 • 協助孩子透過網路找到課外興趣。 • 從網路找課業輔導或線上影片教學，解決學業難題。 • 示範（或要他們示範給你看！）如何下載及閱讀電子書和音樂。

這種數位匝道還有一個好處。打從孩子網路生涯第一天就參與，你自然而然晉身為「兼職導覽」：孩子在網路一碰上麻煩就會找的對象。

請儘管依照你家狀況拿捏調整。記住：某些孩子對科技就是比較感興趣，而有的家庭對孩子接觸科技的程度要求不一。重點是：拒絕科技不僅不可行，還會迫使孩子撒謊、隱藏，或面臨勢將面對的數位世界而不知所措。

人比科技重要

不管你打算幾時或如何導入科技，請記得一件事情：千萬別讓科技擋在任何一個孩子學到社交技巧及文化素養的機會之前。這兩樣東西是網路世界非常需要的。想要記得，最容易的方法是我從萊里那兒學來的簡單原則：「當我兒子在零到五歲階段，我在家裡訂下的規矩是：人比科技重要。很簡單的幾個字，這年紀的小孩都懂。他曉得，如果家裡有誰說：『人比科技重要。』就表示得放下螢幕，抬起頭來。那意謂著『注意聽，我在跟你講話，如果你只顧著科技，就忽視了你身旁的人。』」[19]

時至今日，萊里十四歲的兒子仍謹記這條原則。他與科技同步長大，也發展出必要的人生技能，成為一個全方位的人。

基礎所需的兩個要素

談到這裡，你已了解孩子成為數位公民所必備的「人性」技能。在我們繼續談如何打造能確保孩子安全的架構以前，你必須認識最後兩個基礎元素：倫理思維（ethical thinking）及同理心。希望孩子與科技建立良好關係，這兩者缺一不可。

倫理思維

形塑有道德的舉止——懂得是非，進退得宜——應當是我們的當務之急。

——馬克・普倫斯基（Marc Prensky）

《教育數位原民》（*Teaching Digital Natives*）[20]

你的孩子會在網路做的每件事，幾乎都涉及倫理思考。就想想這些狀況吧：

- 小女兒跟幾個同學到其中一人的家過夜，她在考慮上傳一張照片到社群媒體，雖說沒受邀的女孩們也會看到。
- 兒子正在寫一篇歷史報告，他在網上看到一段文字，打算直接剪貼到他的報告。
- 十歲女兒很投入一個多人連線的遊戲，那裡很多玩家口出穢言，但她不覺得怎樣。
- 你的孩子們很想看一部電影，而他們在網上找到一個「免費」的電影頻道。
- 想設立一個Snapchat帳號，你的九歲兒子得謊報年齡。
- 十歲出頭的女兒第一次交男朋友，這小子要她傳送撩人照片給他。

沒到十二、三歲之前，大多數的孩子還沒發展出能洞悉這些寫實狀況的可能後果——對他們或對別人。這就是為什麼很多小孩會在網上犯下之後悔之不迭的錯。

倫理思維怎麼來的？

倫理思維是「站在他人立場，明白自己在所處群體中的角色與責任，反省自己行為對整體形成更全面的傷害或好處。」[21]今天我們對倫理思維的理解，主要來自兩位鑽研認知及道德發展的卓越大師：尚・皮亞傑（Jean Piaget）、勞倫斯・柯爾伯格（Lawrence Kohlberg）。

雖說柯爾伯格主要在研究道德發展，他的理論則來自皮亞傑對認知發展的研究。[22]皮亞傑對兒童智力發展的見解，是世人咸認最全面有力的論述。他從觀察孩童遊戲了解他們如何發展出是非觀念，觀察出他們在認知與道德層面的發展，可明確分為四個階段：

- **感覺動作期**（Sensorimotor）：出生到兩歲，幼兒透過當下行動、感官、感受來體察外界。在此階段，隨機遊戲、玩弄實物、與充滿關愛的照護者互動，是認知及運動發展的重要成分。
- **運思前期**（Preoperational）：二到七歲，可解決單一步驟的邏輯問題，開始能用符號與內在形象思考。但在推理、長遠思考或預期行為後果方面，仍有極大局限。思考以自我為中心。

- **具體運思期**（Concrete）：七到十一歲，或稱兒童中期，小孩開始發展出系統思考的能力，但必須是在有具體實物、活動的前提下。雖開始意識他人各有獨特觀點，卻尚未能確切明白究竟，以及對方正在想什麼。
- **形式運思期**（Formal）：十二歲起，終於發展出邏輯與抽象思考能力，這是道德思考的必要前提。具體運思期的小孩或許知道行為會導致後果（有人警告過），到形式運思期則了解，涉及倫理道德的決定也會造成影響。

父母在給孩子連線產品之前，務必要先認識這些階段。雖說孩子拿到第一支智慧型手機的平均年齡是十歲，而七到十一歲屬於具體運思期，表示他們尚未能充分理解一則無情簡訊或一張貶抑照片會對他人造成什麼影響。[23]幼兒在網上犯下無心之過，不能怪他們；他們以純粹自我中心的角度開始人生，難以理解為何別人的感受觀點異於自己。好在，當他們逐步邁過一個又一個發展階段，會慢慢脫離這種心態，但那自我中心仍會徘徊進入形式運思期，也就是十幾歲的年紀。[24]

柯爾伯格進一步申論出道德發展論，包含三個層次：前習俗層次（preconventional）、習俗層次（conventional）、後習俗層次（postconventional）。他相信在一般而言，九歲為止的前習俗層次，幼兒只能以單獨個體思考，無法站在群體成員的立場。[25]十到十五歲進入習俗層次，開始相信應當合乎周遭期待，舉止要「合宜」[26]。走完這個階段，青少年終有足夠認知體認自己是更大社會的公民。柯爾伯格道德發展最後的後習俗層次，涵蓋抽象思考的最高層次。他並認為，雖說人們最快在十二歲跨入這個階段，有些人卻永遠達不到這個倫理思考的巔峰（如果你需要證明，快速滑一下推特吧）。

當我們明白倫理思維是如何緩慢地發展出來，就可以看見許多小孩不知怎麼面對上述那些道德情境。簡單說，那些情境超越了他們的認知能力。那就引出了這個問題：為什麼有這麼多小孩上網？

我有機會在幾年前聽到約瑟夫．其爾頓．皮爾斯（Joseph Chilton Pearce）博士談這題目。皮爾斯博士生前出版許多關於人類與兒童的發展，以下是他的總結：

我們必須先鼓勵兒童發展出思考能力，再讓他們使用電腦。那時便海闊天空，隨他們去。但如果你在他們的思考過程尚未成熟前就給他們電腦，無異是製造災難。如同皮亞傑指出的，人生最初十二年是在練習把知識擺在對的地方，讓孩子懂得抽象性、比喻性、符號性的資訊。抽象思考能力，其實是慢慢演化數百萬年的成果。[27]

年齡限制的重要性

科技雖已改變世界，卻未能撼動兒童腦部發展所需的時間。因此社群媒體的年齡限制非常重要。幾乎所有的網路平台——從IG到Snapchat、臉書等等——都要求使用者至少十三歲才能開立帳號。雖然我很希望說那是這些平台想等孩子有足夠的倫理思維，實情卻不然。社群媒體必須遵循一條法規——《兒童網路隱私保護法》（*Children's Online Privacy Protection Act*）。

一九九八年通過的《兒童網路隱私保護法》，保障所有不足十三歲的兒童。它要求網站及網路服務經營者，必須先取得家長同意，才能搜集兒童個人資訊，諸如姓名、住址、電話、帳戶姓名。這些網路經營者也不能搜集可確知兒童住家街道的定位資訊，或儲存任何留有孩子影像聲音的檔案。任何能追溯出孩子在用什麼的物件，包括cookies、IP位址、移動設備之唯一標識符（unique device identifier），該保護法皆予嚴格禁止。

當未滿十三歲的兒童開立社群媒體帳號，或當孩子虛報年齡，這條聯邦法條就無法保障其個資不被第三方搜集分享。然而我們看到，十到十五歲兒童的家長中，有六成同意孩子謊報年齡以通過限制[28]。

同理心不可忘

> 打一開始就得教孩子同理心。這件事情愈來愈重要，因為他們將非常需要這樣東西。
>
> ——梅琳達・蓋茲（Melinda Gates）[29]

當初促成網路公民課在旅程學校開設的那樁網路事件過後多年，另一起小狀況發生了。這回是一個七年級男生拍下一段影片，嘲弄一個女生在現實中譏笑另一個男生的影片，放上

YouTube。有聽懂嗎？這種混合著無感（對那女生）及同理心（對那被女生譏笑的男生）的矛盾，正是中學社交生涯中，複雜而令人無所適從的典型本質。發現這影片的班上同學立刻報告師長，想在班上討論。他們希望及早控制狀況，不致成為「會讓爸媽嚇死」的網路霸凌。

第二天在網路公民課討論這起事件時，學生們豐沛的同理心令我非常感動——不只對那在現實中被嘲弄的男生跟那名在影片中受嘲笑的女生，也包括那名上傳影片的「霸凌者」。「我們全都犯過類似的錯，之後都深感後悔，」班上一個女生對那位上傳影片的男孩說，「我們原諒你。大家往前走吧。」大家果然說到做到。

在現實中談論網路社交狀況，讓孩子能學到如何處理他們仍在摸索的人際關係。而很多中學甚至家庭，卻沒有從學生忙碌的日子裡為此撥出時間，實在令人遺憾。

先與對方同感

寫這本書時許多專家告訴我，如果他們能為孩子配備一項數位超能力，那就是同理心。

同理心是能夠站在別人立場，從不同角度出發，感受對方心情。教育心理學家，也是父母想要教出有同情心孩子必讀之書《我們都錯了！同理心才是孩子成功的關鍵》（*UnSelfie*）的作者蜜雪兒．玻芭（Michele Borba）說，同理心是「成為快樂、平衡而成功的大人的基石。它讓孩子更討人喜愛，求職更具優勢，更不屈不撓，更有領袖特性，更有良心道義，壽命也更長。」[30]

同理心正快速滑落。一九七九年到二〇〇九年間，美國大學生在兩項衡量同理心的指標掉了可觀的四成，尤其從二〇〇〇年起[31]。同期間內，自戀傾向呈上升趨勢。[32]

這項研究到二〇〇九年止，我很好奇同樣趨勢是否依然，所以我問玻芭。她跟我說：「同理心持續墜落，而且看來，在高度競爭的國家速度更快，科技使用密度大的國家亦然。」[33]

該項研究的執行者，密西根大學社會研究中心的莎拉．康拉絲（Sara Konrath）及愛德華．歐布萊恩（Edward O'Brien）同樣認為，科技恐怕會造成同理心滑落。歐布萊恩說：「網路太容易交到『朋友』，可能讓人在不想回應某些狀況時掉頭而去，而這類行為會擴展到線下實際生活。」[34]兩人也提到，他們研究的這一代大學生是打電玩長大，愈來愈多的研究也顯示「置身暴力的媒體影響，人們逐漸對他人的痛苦無感。」[35]

玻芭提醒我別把問題全部歸咎於科技，「但雖這麼說，科技卻絕對扮演某種角色，因為情緒素養是同理心的大門。」她解釋，情緒素養是「解讀別人臉部或身體語言，知道對方是沮喪或傷心的能力。同理心就是與對方同感，你若不能解讀或理解對方情緒，不可能產生同樣感受的。」[36]

跟倫理思維一樣，同理心隨著孩子逐步成長。當嬰兒感覺與父母或照護者親近，同理心的種子便開始萌芽。漸漸地，玻芭說：「隨著自我中心逐步退場，以社會為主的意識上揚，孩子變得比較能意識他人存在，認知上也開始能站在別人的立場。」但是她又說，孩子需要體驗、培養，需要大人刻意的協助，這些種子才能長大。「儘管同理心是一種本能，你仍能透過許多方法加以培養。有意識地去做，非常重要；尤其在一個科技充斥、功利為主的世界。」[37]

讀懂人性線索

就像其他有關科技之事，同理心滑落直接指向科技。但你不必是個有大筆預算的火箭科學家也能知道，數位互動確實有其嚴重性。缺乏眼神接觸、臉部表情、人性接觸、語調變化只是其一。學會讀懂這些人性線索，是建立同理心的前提。沒有這類體驗，我們很可以推論，孩子將缺乏同理心。你不信？很合理。且來看一項研究證據。

二〇一四年，加州洛杉磯大學（UCLA）科學家，研究兩群來自南加州公立學校的小六生。一群待在洛杉磯近郊營區五天，不准使用任何數位產品。另一群則照平常使用。短短五天過後，那群沒有科技可用的小孩與另一群相比，判讀臉部表情與非語言信號的能力大增。換言之，後面那群孩子——照舊使用數位產品者——讀取情緒的能力較差。

根據該研究的領銜作者婭爾達．尤爾斯（Yalda Uhls）指出：「如果沒練習面對面的溝通，恐怕會失去重要的社交技能。」[38]

直視他人眼睛

在這科技充斥的世界，要怎麼養出富含同理心的孩子？玻芭說，得趁早。「首先，放下你自己的手機。彼此關係是關鍵。」她說，「同理心來自你跟孩子面對面的溝通。」她建議父母可做這些事：

- 建立網路不連線的家庭時光。
- 教孩子直視他人眼睛。「你可以教孩子留意談話的對方眼睛的顏色。」玻芭說。
- 討論情緒。這在任何階段都要做，尤其孩子還小更要做。
- 看能引發情緒的書和電影。「要培養道德想像，置身他人立場是很棒的做法。」她說。
- 利用用餐時間、睡前時光、開車時段，跟孩子交流情感。

「記住，」玻芭說，「教養孩子不能重來。」上面這些活動，都能幫孩子在這科技當道的世界獲得當面溝通的能力。

網路公民時間

說故事

我們就是自己的故事。

——丹尼爾・品克（Daniel Pink）
《未來在等待的人才》（*A Whole New Mind*）

要幫數位孩子打造人性技能一個最有效的方法，也是最簡單的一種是：說故事。故事讓人理解這個複雜世界。故事激勵我們，引導我們，娛樂我們，也安撫我們。品客在《未來在等待的人才》中主張，理解故事——關於我們自己和我們告訴自己的故事——及敘事技巧，遠比以往重要[39]。羅特里吉博士深表同意，她發表在《今日心理學》（*Psychology Today*）的文章寫道：「故事是通往右腦的橋梁，能激發想像。當我們置身想像便成為敘事者，能換位思考，置身不同角度，對他人產生更多同理。我們通過想像激發創意，而那是一切發明、自我了解與改變的根基。」[40]

連小孩也明白故事的威力。看看他們最愛的程式功能吧。「Snapchat限時動態」（Snapchat Stories）就廣受歡迎——用當天所拍的影片與照片，配上有趣旁白，與朋友分享。我認識的每一個使用Snapchat的孩子，每天都要來一則限時動態。因為太受歡迎，IG、臉書Messenger、WhatsApp、Medium、谷歌等，全都起而仿效。YouTube崛起一陣旋風，風起雲湧的說故事人紛紛製作影片上傳。我還從我年輕助手那兒聽來，孩子會透過IG動態說故事；透過特定上傳順序或互補色系，眾人共享的影像將更引人矚目、內容更豐富。

跟孩子（尤其趁他們年幼）說故事，是很輕鬆愉快的數位匝道。旅程學校的老師們就是以此方式在學生心田及早撒下數位素養的種子。孩子踏進幼兒園溫馨氛圍那一刻起，便沉浸在寓含道德意義的故事——從小小班的童話寓言，到稍長後的北歐等各族神話。外人看來這不像什麼「數位素養」，但它們是。豐富、充滿想像且有道德意含的故事，讓孩子生出理解及同理；這是他們之後在網路遇上世界觀、認知、表達模式各異的人時所需具備的。而且老實說吧，誰不喜愛動人的故事？

你可以這樣做：

一、用傳統方式說故事：唸故事書，根據記憶講。不然也可從數位設備找電子書。無論何種途徑，一定要挑角色鮮明、寓意深刻的故事。不妨從《伊索寓言》這類經典開始，例如：「龜兔賽跑」（關於堅持與謙卑）、「螞蟻和蚱蜢」（個人責任）、「誠實的樵夫」（誠實是最上策）。

二、說完故事別問太多問題，也別要他們做什麼判斷分析。就讓那些寓意慢慢滲透。不妨鼓勵他們根據故事作畫，甚至演戲，讓他們腦中興起道德圖像。就像旅程學校的葛雷茲—凱莉說的：「幼兒還不能做道德論述或抽象思考，得從表演揣摩。所以我們有大量的閱讀或說故事時間，故事中的人或動物或不管什麼都有問題得解決。這比大人跟他們講黑白是非有效一百倍。等他們長大，尤其當他們上網後，他們自會從這些學習中汲取教訓。」[41]

電子郵件的禮節

身為中學老師，最大震撼之一就是學生電子郵件禮節之缺乏。有時我要求學生寄作業給我，然後瞠目看見各種狀況：沒有問候、簡訊用語，更別說一些可笑之至的郵件地址。我不禁猜想，要過多久，他們才會為自己當年的電郵文盲難堪？

我還記得自己小時候被逼著練習寫信的痛苦。今天的孩子也許不用完成一封實體信函，卻將要寫就數千封電郵或線上書信。老闆、師長、同事都將期待收到得體的行文，正確的拼字，段落中不會出現一堆表情符號或什麼lols（譯註：哈哈大笑之意）。你能趁著孩子還小教會這些，也親身示範怎麼善用科技與他人進行有意義的連結。

介紹孩子使用電子郵件，一個妥善途徑就是透過為他們設計的平台，KidsEmail（兒童電子郵件）就是其一。創辦人布蕾妮·歐勒（Brittany Oler）解釋這個平台與Gmail之類的電子郵件功能近似，但具備讓父母安心的安全功能。「我們確保孩子不會收到不妥信息或垃圾郵件，」歐勒說，「爸媽也能收到孩子所有信件的副本。而最受父母喜愛的一項功能，可能是他們能設定通訊錄；孩子就只能寫信給像是祖父母或特定親友。這是讓孩子學習用科技與人溝通，又安全無虞的理想管道。」[42]

無論你決定使用KidsEmail或Gmail，都可循著下列步驟開始：

一、幫孩子開一個電郵帳號。這是個理想時機，可向她解釋為何該選個她十年都不會後悔的帳號名稱。舉例來說，「瑪麗某某@gmail.com」就比「瑪麗為猴子超激動@gmail.com」好多了。

二、跟孩子一起列出通訊錄。過濾出你放心讓孩子與之聯繫的親友名單。

三、教孩子如何寫電郵。示範怎麼在主題欄寫上信件重點，教她如何寫出完整句子，告訴她必須拼字正確，文法合宜。最後，教她如何敬稱長輩（「親愛的先生」或「尊敬的女士」）及如何結尾（「您誠摯地」或「溫暖致意」就不錯）。今天太多孩子先用簡訊才學電郵，只適用於前者的縮寫、俚語，便也溜進電郵往來。等瑪麗上了高中要以電郵向英文老師解釋作業必須遲交時，那可就大大不妥。

四、鼓吹親友當孩子的電郵好友。KidsEmail建議儘量使之有趣：請這些好友寄信要孩子找些東西（例如：一棵樹、一朵花、一枝紅色鉛筆）；叫孩子把這些東西拍下照片，再把照片寄給對方。這麼一來，孩子學到怎麼書寫、傳送得體的電子郵件，也學會附加檔案。

「電郵非常有趣，」歐勒說，「但最重要地，它鼓勵孩子讀和寫。即便高科技平台，也需要這些基本技能。」[43]

網路隨時行善

教導孩子網路為善，愈早愈好。趁他們還小啟發他們的同理天性，示範如何在網路發揮善心。最簡單就是以身作則。支持你欣賞的企業，評論你讀過的書籍，張貼令人開心的事物。提供幾個點子：

一、全家最近上過某間美味或服務很棒的館子嗎？住過哪間很喜歡的飯店？去了當地哪家企業，深感他們十分幫忙？如果有，就跟孩子一起上網幫這些業者送上好評。可利用谷歌評分或Yelp、TripAdvisor等應用程式。告訴孩子，當你給這些業者一個正面評價——你這方送出的仁慈貼心之舉——就能幫對方得到更多顧客與生意。

二、如果你們一起讀了一本很棒的書，以評分告訴作者你們的激賞。亞馬遜網站是個很棒的地方。告訴孩子，別人看到你們的佳評，可能也會跟著買這本書。

三、最後，等孩子大一點，讓他們看你滑閱ＩＧ或臉書動態，為親友照片或感人故事、仁善訊息按「讚」。告訴孩子，你的「讚」就像是投票——等於告訴網路世界你很支持這張正面的影像訊息，也把這些良善氛圍推向無遠弗屆。

第二部

健全發展

第二章

建構並愛惜數位名聲

想博得敬重，就得投身樹立理想形象。

——蘇格拉底1

哈佛大學是全球頂尖名校之一，或許也是最難進入的一所。能被這所常春藤學府接受，想必付出了無限耕耘、奉獻及天賦。絕對是驚人成就。再想像一名學子得而復失，只因青春期網上貼文的某樁愚行。這樣的後果是不是太令人心碎？

二〇一七年春就發生了這種事。哈佛撤回給十個新鮮人的入學許可，理由是他們曾在臉書（是的，就是前哈佛學生馬克．祖克柏在宿舍創設的那個社群媒體）一個「私密」社團張貼的訊息。

一切始於二〇一六年尾聲，一個叫「哈佛大學二〇二一年級」的迎新族群成立，接著有學生另行成立私人聊天群組，分享各種流行文化迷因；從中再分離出一個私人群組叫「庸俗好色屁孩之哈佛爆紅網訊」（Harvard Memes for Bourgeois Teens），之後改稱「敗類」（General Fuckups）。想成為會員，你得貼出你能找到最最傷風敗俗的爆紅網訊。

如果你不懂什麼叫迷因——那是為了好玩搞出來的附帶文字的照片或影像。通常不帶惡意，主要在嘲弄日常事件，是當前網路很受歡迎的溝通形式，尤其在年輕人之間。迷因很容易分享，所以最好笑的東西往往瞬間爆紅（就是廣受分享）。年輕人很會製作及分享迷因，但卻似乎不大了解：他們張貼東西的平台，沒有所謂隱私。就像我一再告誡我的年輕學生，網路沒有隱私；我重複再重複，直到八年級快結束學生都恨不能趕快進高中，好不用再聽我唸個不停！但依我說，這提醒永遠不夠。很遺憾，看來從沒有人曾費神去跟這些聰明絕頂、幾乎成哈佛人的孩子講過這些。

根據披露這起事件的《哈佛深紅報》（*The Harvard Crimson*，譯註：哈佛校刊）稱，這些孩子在那私人群組分享的內容包括：

- 「嘲笑性騷擾、大屠殺、兒童死亡的迷因與其他圖像」。
- 暗示「虐待兒童能激起性慾」的玩笑話。
- 「針對特定族裔或有色人種」的梗。
- 一則直指「假想吊死墨西哥小孩作為『派對高潮』」的迷因[2]。

其他申請學生深感震驚，即向哈佛行政單位舉報此私人頁面。一週過後，該群組十名張貼這些迷因的學生，入學許可全遭撤回。

朋友們，這實在是我們集體的失敗。

這個結果，來自我們不曾教導這批與數位產品一同成長的第一代：網路行為，會造成不可收拾的實體後果。

大學招生人員在幕後盯著

孩子在網路的貼文，以及旁人對這些孩子的貼文（也就是他們的「數位名譽」），會影響他們的未來。據卡普蘭考前練習（Kaplan Test Prep）最新年度調查，三分之二以上的大學（百分之六十八）說，瀏覽申請學生的社群媒體簡介作為決選參考，乃是「合理之舉」；受訪學校中，近十分之一稱他們曾因網路上的發現而收回許可。[3]

相對地，根據稍早之前一份卡普蘭調查，在那些主動檢視申請學生社群媒體網站的審核官當中，七成四稱他們發現對該生有利的內容——較前年度的三成七為高[4]。有利提高入學機會的情況，包括：

- 一個描述某生協助校方成立非異性戀（LGBTQ）族群的推特帳號。審核人員說，這讓他們「對這位申請人的整體印象大好」，也使他們「能想像這女孩將能提升整個群體」。
- 一位申請學生曾獲得某座獎項，其個人頁面包含她與校長合照的領獎照片。審核人員說：「頗有說服力。」

● 一位女孩跟母親合開公司，審核人員說：「造訪她們的網站令人印象深刻。」[5]

即便這種舉動不包括在校方正式審核流程內，個別招生人員卻可能這麼做。貝絲・懷瑟（Beth Wiser）是佛蒙特大學入學招生執行主任，她告訴美國有線電視新聞網（CNN），基於校方政策，他們不主動瀏覽申請學生的社群媒體，但她補充：「若學生附上一個連到YouTube或某社群媒體的連結，負責審核該生資格的人員是有可能連進去看。」[6]懷瑟分享一個案例：某學生志在有機園藝，想進該校主修食品系統；網路有她在這方面的成果，她在申請文件附上了連結。懷瑟告訴訪問記者凱莉・華勒絲（Kelly Wallace）：「那確實顯示她相當程度的投入，證明她對未來有明確規劃，而我們學校提供的學科跟……她在進行的使命完美銜接。」

愈來愈多人，同事、公司、房東、寵物領養機構，幾乎所有人，在打算接受、錄取、租賃、托養或進一步認識的階段，都朝向社群媒體求深入了解。因此，年輕人務必維護好數位名聲，而那得從首度造訪網路的那一刻做起[7]。

呵護良好的數位名聲

幫小朋友維護良好的社群媒體履歷，是亞倫．凱茲曼（Alan Katzman）的職責與熱情所在。住在紐約市的凱茲曼，之前在數家科技公司擔任法律顧問，其中一家旗下的調查單位，會聘請前聯邦調查局、前特勤局、前紐約市警局探員等調查專家。凱茲曼觀察到這些人想深入追查某人背景時，都會運用社群媒體。他們既不需搜查令或特殊調查工具，也不用什麼專屬許可；一切資訊都在網路，不用一分錢。

「那真令我大開眼界，」凱茲曼對我說，「假如有人聲稱自己破產無法支付裁定費用，卻在臉書貼出剛買的保時捷，這些調查員就握有必要資訊可追索罰款。我覺得太有意思了。」[8]

凱茲曼相信一定有人也這樣去打探別人。沒錯，他發現大學跟企業都會透過網路了解申請者背景。「當時風行的專家建議是叫你直接刪掉所有的社群媒體。在『別讓社群媒體毀了你的未來』這樣一個指導原則下，專家多半就叫學生在申請學校或工作前關閉社群媒體帳戶，或刪除、取化名，不然就是『清除乾淨』。」凱茲曼說，「我認為這種作法十分短視甚至產生負面效果。如果學校跟雇主希望多認識申請人，申請人應該得學會貼出有內容的故事才對。」[9]

凱茲曼那時雖看到了業務契機，卻還不是那麼確定要辭掉既有工作，直到一個下雨的週日。那天他叫當時高二的女兒跟他一起清理地下室。女兒發現一批他年少珍藏的黑膠唱片。「當我讓她相信這些黑膠片真能放出音樂，她堅持要我把那老舊唱盤修好，她想聽聽看。我照辦了。結果我女兒不敢相信這些類比音樂竟比數位的好聽那麼多。」凱茲曼跟我說。過了幾天，女兒問爸爸她能否成立一個部落格。「這是我頭一回聽到『部落格』這名詞，」凱茲曼說，「當她說服我那絕對安全，我答應後，她就把她的想法告訴我。」[10]她的想法是研究每張唱片——找出發行時間，了解當時世界背景——然後寫一篇部落格深入報導。就在高一那年她便寫出大約六張唱片，翌年八張。即使高三課業繁重，她仍持續完成幾篇。

往前快轉五年。就讀威斯康辛大學麥迪遜分校一年級的女兒，某天忽然收到索尼音樂一間子公司來信。索尼旗下一些樂團即將在麥迪遜廣場演出，打算雇用一名學生協助籌備。對方在領英發現凱茲曼女兒，隨著連結來到她的音樂部落格，一看便知她就是他們要找的人。「當下我知道，該是我把後來成為『社群保證』（Social Assurity）這概念落實的時候了。」凱茲曼跟我說，「我知道學生必須懂得，社群媒體是建立良好第一印象的很棒管道，直接影響那些能決定他們未來的人。從我女兒的經歷我也看到，真實有料的數位內容，能為你打開機會之門。」[11]

凱茲曼計畫讓高中生與大學生學會善用社群媒體，展現自己的技能、興趣、才華、成就、志工經歷給大學、研究所、獎學金核可委員、雇主。這正是目前他的「社群保證」所做的，而他為此忙碌不已。

水漲船高的數位存在

凱茲曼那個引導孩子用社群媒體展現自我的點子固然很棒，卻也似乎頗費功夫。我這樣問他，他說：「我到現在仍很難理解，怎麼那麼多家長以為靠成績、測驗分數、一篇感人肺腑的自傳、一堆校外活動再加上進階先修課程，孩子就能進頂尖大學。實際上這些學校看重的是人格、服務跟承諾。能真正講出在家裡跟社區出過什麼力，全心投入哪些活動、為何種使命、承諾、公民義務堅持到底的故事，可讓孩子鶴立雞群，有別於其他合格學生。社群媒體，就是能把這些故事直接送到招生委員桌上的最佳平台。」[12]

接著他談起傑克，這孩子高中成績很好，「但這在現在已不足以保證進入一流大學。」凱茲曼說。

但傑克有故事。他八年級開始學中提琴，到高中都不曾中斷，是學校及社區樂團的一員。傑克從不缺席任何排練，他知道那會影響其他成員。為能持續追求心愛的音樂，他得做好時間管理維持優異成績。凱茲曼建議傑克在社群媒體的簡介寫出自己對音樂的執著，也寫出自己從中學到的可貴教訓。

「除了一般申請文件，」凱茲曼繼續解釋，「哈佛會問學生是否還要提供其他資料。」來到這個階段，傑克附上自己在領英上的連結，請招生委員去看他種種課外活動。幾週過後，傑克致電凱茲曼，領英顯示哈佛招生委員曾進去瀏覽他的簡歷。傑克非常興奮。「之後幾個禮拜，」凱茲曼告訴我，「他就收到入學許可。」[13]

領英的簡歷起多少作用很難講，不過凱茲曼下一則故事則讓我相信，為名聲管理投入心力確實值得。

雷吉是一名普通高中生，成績一般，整個高中階段都必須幫忙支撐家中經濟，精神上亦然。申請大學時，他利用從「社群保證」學到的訓練，道出自己同時肩負的種種責任。他申請了亞特蘭大一帶的幾間大學，深知若沒獲得足額獎學金就無法繼續念書。結果他很意外，夢寐以求的學校不僅通知他入學，還提供優渥的助學金。他高中的諮商老師說，唯一的解釋就是，他在社群媒體展現出的人格與對家庭的奉獻。

「打造深刻的數位自我和培養高效的社群媒體人脈技能，是很重要的生存本領。」凱茲曼說。[14]學生規劃未來的同時，必須了解自己的數位存在對申請學校及工作有多重要。企業跟大學一樣，通常都會上網進一步了解可能的員工面貌。

雇主默默在看

根據凱業必達招聘網（CareerBuilder）二〇一七年的調查，七成業者在聘用前會透過社群媒體過濾員工，較二〇一六年的六成明顯提升[15]。此外，有十分之三的企業聲稱，內部有專人負責這項任務。

企業想知道什麼呢？在各種可能當中：

- 百分之六十一想看到能證明申請者工作條件的資訊。
- 百分之三十七想了解他人對申請者的評論。
- 百分之二十四想確定是否存在不應聘用此人的狀況。

超過四成四的雇主從社群網站確認了聘用決定，另一方面，五成以上發現讓他們做出不雇用決定的內容。值得注意的是，近六成雇主說，若從網路無法搜尋到此人，可能就不會找來面試[16]。

整理你的數位房間

我在數位烏托邦幻想：孩子們在網路只張貼正面事物，因為他們早有機會學到安全、聰明、良善地使用科技。接著我立刻驚醒，想起眼前還有多少工作待做才可能讓這夢想成真。儘管緩慢，我們正走在路上。許多孩子已了解，貼在網路上的一切都有其影響。那些東西不會消失，可能被任何人跟所有人看見，不管什麼時候或什麼地點，甚至在最意外之際給自己重重一擊。同樣地，父母也開始了解，自己必須幫孩子認識這些。話說回來，孩子究竟是孩子，犯錯難免，很多更在大腦未能做明智判斷前就來到網路世界。

大人一定要及早且不斷提醒孩子數位名聲的重要。很多學校邀請網路安全專家到校演說，但這些「專家」往往不是滿口教條要不就是聲聲恐嚇，不僅沒用甚至造成反效果。孩子對大人向他們數落網路世界，就好比鳥兒看狗教牠們飛。要讓孩子明白維護數位名聲的重要性，讓他們從不同層面體驗會比較好。

幾年前，萊里還在南加大傳播學院亨利・詹金斯「新媒體素養課程」（Henry Jenkins's

Project New Media Literacies）擔任研究主任時，我從她的課程指導中學到一課。他們的團隊剛與哈佛大學霍華德・加德納（Howard Gardner）的「好遊戲」（GoodPlay）小組合作設計一項新課綱，名為「我們的空間：做一名負責的數位公民」（Our Space: Being a Responsible Citizen of the Digital World）。其中一課叫「上兆元足跡」，要學生根據應徵者留下的數位腳印，挑選虛構電視節目參賽者。這堂課後來成為「常識媒體」的基礎教育數位公民課綱（非常棒的資源），並針對中學加以修正。我深受啟發，自己又做些調整，叫我的學生假裝自己是大學招生委員，甚至讓他們自行決定想代表哪所學校。因為我們身處加州，孩子們想到的就有史丹佛、加州大學洛杉磯分校、柏克萊等全加州甚至全美最難進的學校。再來學生得研究我搜集（當然，都是憑空虛構）的兩位申請者的網路資料，決定誰最夠格拿到他們提供的全額獎學金。

學生們先審核每個人的（假）申請信函。這兩人——一男一女——細細描述他們漂亮的高平均成績、優異的測驗分數以及琳瑯滿目的課外活動。兩人都說自己的運動表現出類拔萃。僅從他們的自述實在難分軒輊，我的學生便轉由這兩人的（假）「數位看板」一探究竟。

這堂課之前，我學生已經知道所謂數位看板，就是一個人網路活動的全部綜合——也就是他的數位名聲。大家通常稱之為數位足跡，我們則基於幾個理由叫它作看板。第一，學生跟我說，足跡太容易洗掉。他們覺得看板似乎比較持久。第二，每個在「資訊高速公路」上的人，都可以看見路邊的看板，彰顯出你是什麼樣的人。

我的學生很快發現這兩位的數位看板其實不怎麼樣。男生大衛，一名高竿的足球選手，貼了張自己用捲筒衛生紙惡搞鄰居院子的照片，還把這影片上傳YouTube。哎呦！還有呢，有篇新聞報導他曾被逮到駭進學校電腦讀取生物試卷。不只這樣，他說他所隸屬的一個社團在臉書聲明，他因為多次缺席已遭除名。

當孩子們進而研究女生時，發現這位打算主修英文、高中名列榮譽協會的凱特，美食部落格文章錯字不斷，文法謬誤。在她的IG貼文中，曾被告發她挪用別人照片。她貼在另一個社群媒體的照片穿著暴露，而學校網站的榮譽協會找不到她名字。

我這群多半才開始用社群媒體的小朋友，對這兩位申請人非常嚴格。他們決定，誰都不夠格拿獎學金。

這堂課還沒結束。決定雖然做出，他們仍得回去檢視那兩人的數位腳步。仔細一看，他們發現那被指控為駭客的「大衛」，並非申請獎學金的「大衛」。我告訴他們，大型學校裡，不同學生的姓氏一樣很常見。此外，如果他們有更細讀我給他們的資料，就會留意到新聞提到的「大衛」玩的是袋棍球而非足球。還有，說他遭到除名的臉書頁已是幾個月之前。這也是他們忽略之處。

然後小朋友發現，他們也漏掉凱特一些重要資訊。她的高中網站將近一年不曾更新，那說明了為何她沒有出現在榮譽協會名單。

通常像這樣的細察讓學生有點洩氣。「不公平，」他們說，「網路太容易出錯了，即使你根本什麼都沒做。而且有時別人講你什麼，也不是事實。」他們還說：「小朋友愛在網路亂開玩笑。」他們不曉得大人怎麼判斷，小朋友是鬧著玩還是挖苦人。「大人會把這些都考慮進去嗎？」他們想知道答案。我怎麼說？也許會，但也很難說。

人會根據網路判斷你

就像我的學生瞄一眼資料便鐵口直斷，真實生活中的人們也隨時如此。專精社群媒體法規的華府律師布萊德．薛爾（Bradley Shear）認為，這問題很嚴重。他接受《紐約時報》採訪說：「各大學可能誤看到同名者的帳號……甚至是冒名者帳號——以為那屬於申請人，而導致不公平對待。『我們很常看到……人們將網路錯誤不實的內容視以為真。』」[17]

薛爾是「數位盔甲」（digital Armour）公司創辦人暨總顧問，指導學生、專業人士、企業客戶，了解數位年代各種法律、隱私、名聲及安全議題。「孩子難免犯錯，」薛爾這麼說，「那些錯豈該一輩子黏著他們？」[18]

薛爾告訴我，他的一位客戶曾拿到世界頂尖大學的入學許可，後來卻因二〇一六年總統大選期間在臉書放的讚跟表情符號被認定不妥，資格與二十五萬美元獎學金都遭撤銷。

「這孩子的隱私設定在最嚴格。」薛爾說。儘管如此，這名客戶的某「臉書朋友」卻用螢幕截圖拍下那被視為不妥的「讚」及表情符號，儲存數月，再匿名寄給該校招生委員。該校聯繫了申請人，後者坦承許久之前確有其事，然後就是資格與獎學金被取消。

薛爾這則故事跟我之前聽到的一則，有令人髮指的相似之處。告訴我的人是加州某大學的招生委員，她說她曾收到一個牛皮紙袋，沒有回郵地址，裡面一堆螢幕截圖，據稱都攝自某申請女生「假的」社群媒體帳號。旁邊一張字條聲稱照片寄自另一名申請學生，上面寫著：「閣下必須知道這女生的真實面目，她絕非你們以為的無瑕天真。」

「那紙袋塞滿半裸的自拍、不堪入目的貼文，」那位招生委員跟我說，「我不僅很難相信眼前所見，也無法理解竟有別的申請學生費這麼大的力氣，要讓我注意此事。我心想，『我們真走到這種局面了嗎？』」

根據薛爾的看法：「大學、研究所、企業，不會因為申請人數位生活不夠精彩而關上大門；但他們會因網路某樣發現，質疑此人的人格、誠信或判斷能力而加以拒絕。將來也會如此。」[19]

請告訴你的孩子，他們在網路上的一言一行，以及別人對他們的評價，都將充分說明他們的人格。而所謂人格，依然重要。

一出生就有了數位看板

還記得那個甫入人間、數位名聲就因照片現身臉書或ＩＧ而啟程的嬰孩嗎？他可不寂寞。跟他同代的很多人，超音波掃描圖掀開了他們的數位名聲！現在孩子的數位名聲多在自己不知情之下，由深愛他們的親人奠定。一切的起步何其單純——大肚子的媽媽迫不及待公布超音波檢查結果，驕傲的爸爸一等娃娃出世便分享照片，開心的祖父母上傳派對、假期、團聚的合照，諸如此類。日積月累，不經意間，一個小娃兒的數位看版已經資訊滿滿。

試想一下：

- 九成二的兩歲小孩已有網路個資，出生兩週便有照片與各種資訊陸續更新。[20]
- 三成二的父母說，每月平均上傳十一、二張孩子新照片。[21]
- 孩子十五歲之前，父母在社群媒體平均張貼一千五百張他們的照片。[22]
- 兩成八的父母說，自己從未想過要問孩子是否介意爸媽上傳他們的影像。[23]

在教孩子數位名聲時，我聽到一堆爸媽的張貼習性。我很遺憾地在此聲明，對於大人出於愛而多年來自作主張分享他們的照片、影片、貼文等等，孩子一點都不開心。有時他們甚至請我幫他們發聲。就算我敢（我並不），我的介入也足足遲了十幾年。站在家長的立場，我跟學生說，爸媽上傳的都很正面，對他們建立良好的網路印象其實很有幫助。但學生們不作此想，他們覺得自己的數位名聲該由自己樹立，可這權利卻被剝奪了。

曬孩子曬過頭

這種數位年代的舉止有個名稱：曬孩子（sharenting），極端時就叫過度曬孩子，形容父母在網上鉅細靡遺分享孩子一切。蘇．雪芙（Sue Scheff）著有《羞恥國度：網路的中傷》（*Shame Nation*），我們倆曾就此議題深入討論。這方面她是專家中的專家：自己人生碰到的誇張事件，讓她成為數位名聲打造及管理的先驅。二〇〇三年她不覺中成為一名惡劣客戶的標靶，對方在網路無所不用其極──散播謠言、指控、謊言，嚴重毀壞雪芙的數位名聲。雪芙告上法院，最終司法判對方誹謗侵權，罰金創下一千一百萬美元天價。這段故事她放在第二本著作《谷歌炸彈》（*Google Bomb*）。庭上雖贏得勝利，她的數位名聲卻受到重創，集中心力花費數年才得以重建。現在她竭盡心力，助人避免重蹈覆徹，更重要地，教導大人小孩如何維護良好的網路形象。

「我認為，爸媽要更注意自己把什麼放上網路，」雪芙說，「他們得記住：以今天這種科技，你根本不知道誰會看到你放上網的東西，因為瞬間那就遍布全球。」她給家長的主要建議之一是，善用臉書的「聯絡人」功能。「你在臉書設立聯絡人，就能馬上限縮上傳分享範圍。所以比方說，如果你想分享孩子的照片影片，就可確保只有某些親友看見。」雪芙說，「記住，孩子非常在乎你上傳什麼。」[24]

並非只有爸媽會貼些讓孩子難堪的東西。很多時候，孩子自己會貼出之後讓自己悔之不迭的東西。有一天我十八歲的女兒就衝進我辦公室質問我：「你怎麼可以讓八年級時候的我開臉書帳戶？你那時是怎麼想的？」我十分驚訝。我自覺很難得了，在她滿十三歲前始終沒答應她開社群媒體的要求，直到她到年齡門檻。再說，當時我都有檢查她的貼文，雖然有些蠢跟孩子氣，但大致沒有問題。「怎麼啦？」我好奇地問她。

她正忙著為申請到的大學找室友，發現大家都透過社群媒體相互過濾。她對自己當年上傳的某些照片感到羞愧，卻束手無策；即便動手刪除，朋友們的照片裡卻有標註她，現在這些可笑的影像就出現在她完全無能為力的訊息上。「你一定要警告你的學生們，」她跟我說，「大人根本不該讓那麼小的孩子用社群媒體！」

使用社群媒體，留意三C

她可能是對的。十三歲的大腦可能還不足以使用社群媒體。雖說多數孩子在十二、三歲就能邏輯思考進而考慮道德層面，最先進的腦部造影則顯示，大腦某些區域要到二十五歲左右才真正發育完全，其中包括主司理性思考及正確判斷的前額葉皮質——兩種用社群媒體很需要的能力。欠缺成熟的前額葉皮質，青少年就用負責情緒的杏仁核處理資訊，因而很容易：

- 衝動行事。
- 誤讀或錯解社交和情感線索。
- 做出危險或後果難以設想之舉。[25]

即便一個少年理解把愚蠢的自拍上傳可能會有什麼後果，但他大腦應該警告說：「嘿，慢著——最好別放這張喔！」的部分卻還不成熟。你猜結果怎樣？那悲慘的影像貼出去了，被眾人分享了，之後可能回頭成為他一個惡夢。

你試試跟一個拚命想用IG的十三歲孩子（假如你還真能讓孩子忍那麼久）解釋這些。與其向這些不講理的孩子指出他們的不講理，不如採用我從雪芙那裡學到的簡單建議。當孩子設立第一個社群媒體帳戶，教他們注意「三C」：

- **舉止**（conduct）：留意自己在網路的行為。要記得，有人在螢幕的另一端。
- **內容**（content）：想想你要分享的東西。自問：那會不會讓我自己或別人受傷難堪？
- **關懷**（caring）：體貼，善良，關懷。分享任何貼文時，別忘了同理他人。

謙卑的自誇

社群媒體有些人怕人家覺得他太自負，就用一種被稱作「謙卑自誇」的手法，就是「看似自貶實則炫耀」[26]。是躲在埋怨或故作謙遜背後的一種自誇。

有一份探討這種現象的文獻，學者舉出這類「謙卑自誇」的例子：

- 我真不知道那些頂尖學校怎麼會收我。
- 大家老說我超迷人的，我實在搞不懂。
- 我覺得好累，到哪裡都被選作領袖[27]。

結果這些貌似謙遜的言論很難得到認同。別人覺得他們不夠真誠，甚至認為那些自吹自擂或真心抱怨的人還比較可愛。

如果你想在社群媒體吹噓自己，目前的研究顯示你就別客氣，直說吧！

永不消失的數位行為

理查．蓋瑞（Richard Guerry）是我知道最努力工作的人之一，他是「網路與手機言論擔當學院」（The Institute for Responsible Online and Cellphone Communication, IROC2）創辦人暨執行總監，縱橫全美各地為學生舉辦能量充沛、資訊豐富的研討會，若難以分身就寄影帶過去。學期間，他幾乎每天奔波途中，「希望能協助這代孩子運用科技來豐富生命，而非傷害自己。」[28]二〇一七年裡，他足跡遍布二十三州，造訪二二五所學校。光看他網站貼出來的行事曆，就夠你累的了。

蓋瑞的研討會主旨就是他公司的標語：「公開永久」（Public and Permanent），也是他認為要有「數位意識」的根基。他堅信我們要為不離科技的下一代樹立正確的認知，使他們足以應付任何新科技。簡單說就是讓他們記住兩件事：

- 網路行為是公開的。
- 網路行為是永久的。

「我們希望孩子能參加派對或婚禮或去海灘、上大學、加入兄弟會或姊妹會——基本上就是經歷爸媽曾經歷的一切，」蓋瑞跟我說，「他們應該可以自在放鬆，不必擔心被人拍攝上傳。換言之，我們要讓每個孩子都了解到，科技可說是二十一世紀之焰，能帶來進步，也能造成毀滅。」

蓋瑞說，孩子使用科技一定要有同理心，因為他們握有自己與朋友名譽的宰制權。「這樣的理解和改變得從某處開始，」蓋瑞說，「我想我面對過的每個孩子就是起點。」

儘管行程滿滿，蓋瑞的使命感絲毫不減，「尤其聽到孩子跟我說那真的很重要。」最近一次是在他到巴爾的摩一間公立學校，一名從私校轉來的男生告訴他：「升高三那個暑假，我加入臉書一個『引述』私人群組，我以為裡面只有我跟我朋友，結果不然。校方看到我們貼的內容，我就被踢出來到這裡。我要怎麼跟大學解釋，我從小念私立學校，結果到高三被迫轉到公立？」男孩眼中泛淚告訴蓋瑞，「我真希望我在暑假前有聽到你的演說。」

「當你聽到孩子望著你這麼說，」蓋瑞說，「再怎麼累，想到這些例子，你就會打起精神拚下去。」[29]

數位名聲的教育契機

就像凱茲曼、雪芙、薛爾、蓋瑞，我也熱衷於教孩子理解數位名聲的重要。我幸運的地方在於，我有整整三年跟學生相處的時間，可以不斷回頭討論這個題目。儘管如此，我仍經常擔心他們一回家跟手機獨處時，學的東西是否還在。孩子終究是孩子，我知道他們不免犯錯。我喜歡稱那些時候為「教育契機」。

但孩子卻也常令你驚喜。比利，你在第二章看到的那個跟我女兒一起做凳子的男生，幾年前就帶給我好大一個驚喜。他跟我女兒是我開網路公民課的第一批學生，想到他們我很開心，是他們讓我懂得孩子需要學到哪些數位素養，跟我原先想教的並不一樣。有天早上比利遲到，一進教室就衝到一個叫艾波的漂亮女孩桌旁。艾波那年才加入八年級班，沒上過之前所教的數位名聲課。她有ＩＧ帳號，班上同學幾乎都有跟隨。這天前一晚她貼了在海灘的自拍，身穿清涼比基尼擺出非常誘人的姿勢。你會以為血氣方剛的八年級男生都會超愛這樣的照片！那就是我驚訝之處。不是在背後笑談這照片，比利大步上前給艾波上了一課。「你趕快刪掉那張蠢照片，」他說，「那會破壞你的數位名聲。」艾波愣了幾秒，當下不懂比利在講什麼，繼而含淚跑出教室。我雖替她難過，也覺得比利嚴厲了些，卻非常意外他做了我一直期盼學生能夠做到的：互相照顧彼此，尤其在沒有大人守護他們的時候。儘管手法有些粗糙，比利完全做到了。那天回家艾波便刪掉那張照片。

網路公民時間

谷歌派對

你曾谷歌過自己嗎？另一半？小孩？親友？假如不曾，找個時間跟孩子一起來做，全家一起更好。不過先提醒你：最好事先私下谷歌你自己跟另一半。這是在別間學校教網路公民的一位老師勸我的。她曾依我建議在全班學生面前谷歌自己，很不幸，跳出來的有些東西讓她當場僵在那裡。有些事很難說。

事前準備打點好後，請依這些步驟：

一、與孩子一起谷歌你自己。檢視結果，問孩子：哪些是正面的？哪些算是負面，如果有？你能怎樣改善數位名聲？

二、再來，谷歌你的另一半／親戚／孩子／孩子的朋友。試著用各種搜尋引擎，也別忘了搜尋他們可能會在社群媒體用的別名。提出上面那些問題之外，也問問：根據你們從網路找到的資料，別人會怎麼評斷你另一半／親戚／孩子／孩子的朋友？

三、一起討論孩子事先能採哪些步驟，以建立良好的網路名聲？

四、最後，不妨建立「谷歌快訊」（Google Alert），隨時接收網路上提到孩子的訊息。很簡單，只要打開Gmail帳號，如果你有的話，鍵入你要快訊追蹤的名稱（例如孩子的名字）。如此一來，有任何可能會影響孩子網路名聲的貼文出來，你就能馬上掌握。

說社群媒體故事

聽來不可思議，但很多孩子——就算已在使用社群媒體——並不清楚自己那麼擅長的那些數位活動，正確名稱叫什麼。即便他們不清楚，你可能很知道，所以你們要一起認識這些名稱，這樣大家才有相同認知。然後就是這活動好玩的部分：來說社群媒體故事。

一、跟孩子一起看下列常見名詞，確保彼此充分理解社群媒體的影響：

- **社群媒體網站**：用戶於其間創造及分享內容（包括評論）的網站或應用程式。YouTube之類的影片平台，及玩家可互通有無的網路遊戲，都是社群媒體網站。
- **標記**：當你「標記」某人（或事物），就連結到對方的個人檔案。當你或某個「朋友」標記你貼文中的某人，該貼文不僅你選擇的觀眾可以看到，被標記那人的朋友也都能看到。這對你跟被標記那人的數位名聲，都會產生影響。
- **螢幕截圖**：拍下螢幕截圖（又稱螢幕快照），某人即可存取電腦或手機出現的影像。可使用的程式很多，但也無須什麼特定程式即可輕鬆截圖。一些號稱內容馬上「消失」的社群媒體（如Snapchat），上面的資訊影像就可用此方法保存，到處分享。
- **上傳**：當你把什麼上傳網路時，就是把某個檔案從這個電腦設備移動或複製到另一個（或很多個！）。

● **貼文：**張貼在網路上的一則敘事、影像或某種內容，通常出現於部落格或社群媒體網站。當動詞使用時——像是「把某個東西貼上網」——意謂你放什麼到網路論壇。

二、認識這些名詞後，跟孩子講些故事吧！有關社群媒體災難，新聞很容易找到。你甚至可請孩子分享他們看過或聽過的事，或分享你自己的。如果你需要一則，請儘管拿下面這個去用。那是我們在網路公民課討論的真實故事之一。

嘲弄馬克

六年級的馬克想當小小救生員，是班上唯一過關的男生。他非常興奮也感到驕傲，爸媽也是。媽媽把他的照片上傳到自己的社群媒體網站，標記了他，寫著「馬克今天當上小小救生員，真以他為榮」。馬克有些朋友看到這則貼文，覺得他照片裡的樣子很好笑，於是拍下截圖，貼到各人自己的社群媒體帳號，附上挖苦旁白。其中一人甚至貼出假訊息嘲笑他：「小子，我看到你在急救測驗作弊！」別的孩子看到這則貼文，紛紛轉傳給自己的朋友與跟隨者。

三、一起討論故事。假如你們採用上面的情節，不妨以這些問題展開討論：

- 誰該為散布流言說馬克「作弊」負責？
- 你覺得，跟馬克不熟的人會知道他朋友在嘲弄他嗎？
- 列出這些貼文可能對馬克造成的長期效應。
- 這種情形能用其他哪些方式處理？

設計自己的數位看板

這是我在班上很愛用的活動，成果可拿來布置教室。你也能在家使用。

一、叫孩子把自己的數位名聲想成是立在「資訊高速公路」旁的巨型看板，過往駕駛人都可能看見。看板展示的，包括網路上他們曾張貼的、別人貼出有關他們的一切，就像是對整個世界做的廣告。

二、要孩子設想他們希望這塊看板會顯示什麼。那會彰顯他們在學校表現很好嗎？有撥出時間做志工？運動身手不凡？還是讓大家發現他們不想被看到的事？

三、拿一大張白紙，畫出空白看板（一根柱子撐起的長方塊）。要孩子設計出他們想在十年後被看到的影像和資訊。這些資訊包括臉書上一則他們獲獎的貼文，YouTube上他們那頗受歡迎的樂團的演出影片，或是報導他們照顧遊民的新聞。鼓勵他們發揮想像跟創意。記住，凡事皆有可能！

第四章

如何分配螢幕時間

美食作家麥可．波倫（Michael Pollan）那句名言，我借來稍作改變：「享受螢幕吧。別過頭，儘量與他人一起。」

——安雅．卡曼尼茲（Anya Kamenetz）

《螢幕兒童：終結3C使用焦慮的十堂正向數位教養課》（*The Art of Screen Time*）[1]

我頭一次注意到螢幕會破壞真實饗宴是在一九九〇年。那時我還沒小孩，也還沒當人家小孩的老師。我在衝浪者雜誌（Surfer Publications）擔任電視行銷總監（這工作就跟聽來一樣棒）。八月某個下午，我跟即將成為老公的男友與四個職業單板滑雪者，共同搭機前往紐西蘭南島滑雪場，準備拍攝一輯我們為ESPN製作的《單板滑雪人電視》（*Snowboarder TV*）。

從奧克蘭皇后鎮（Queenstown）出發，我們途經紐西蘭壯麗的南阿爾卑斯山脈（Southern Alps）。那是個好棒的冬日，萬里無雲，山區難得有這種天氣。我臉抵著冰凍的玻璃窗，驚嘆那彷彿伸手可及的皚皚峰頂和遼闊冰川。霎時，高達三七六四公尺、巍峨的庫克山（Mt. Cook）出現眼前，白雪覆蓋的山脊聳入蔚藍晴空。那真是我這輩子看過最奇幻的景色。

為了讓大家好好欣賞這難得奇景，駕駛打開座艙門，讓機上十來名乘客輪流前去。但那幾個二十歲左右的單板滑雪者居然完全錯過。渾然不覺置身此生難再的壯麗奇境，他們全都聚精會神於當時流行的手遊任天堂Game Boy。

「太荒謬了。」我記得自己這樣想。

假如當時有人警告我說，等我有了孩子，這種情形將絲毫不足為奇，每個青少年都這樣。我絕對不會相信。

放棄手機形同斷手

面對當今各種數位媒介引人分心之事，孩子們時時錯過真實生活中的精彩。要讓他們了解這點很難，去年我再度有所體會；一回網路公民課堂上，有個叫尼克的七年級生憤怒地跳起來對全班大喊：「格雷伯小姐對我們的要求不合法！」

你瞧，我不過是要這班學生那個週末二十四小時遠離一切數位媒體，再寫下心得。過去七年我也這樣要求每屆的七年級學生。二〇一一年我第一次對我女兒那班出這個作業時，大家乖乖接受，沒半句怨言，甚至頗為期待。但那股熱情，一年不如一年。

實際上，說他們「不夠熱情」太輕描淡寫；他們非常生氣。全班利用接下來近一個小時，努力想說服我，何以他們不可能放棄螢幕二十四小時。

「我必須看我的簡訊。」

「我不能不跟我的足球隊保持聯繫。」

「那我要怎麼拍照跟上傳？」

「那我的Snapstreaks（譯註：Snapchat的一項功能，獎勵彼此每天接力上傳照片）怎麼辦？」

「我網路打電玩的朋友會以為我死了。」

「這叫虐待兒童！」

一個女孩淚水汪汪，激動地跟我說：「那是我週末唯一期待的事情耶。」

儘管我早有預期，但這班學生的反應，實在出乎我跟葛雷茲—凱莉的意料。那天她跟我一起授課。看那場面你會以為我們是叫孩子們斷手。話說回來，那隻手平日總跟手機黏在一起，我猜這作業對他們來說還真跟斷手差不多。

當有個女生舉手說她有朋友的老師，要求學生二十四小時不花錢，我終於覺得找到同志。「那一定更難。」我自作聰明。

「才不呢，」她說，「要我放棄手機才是難上加難啊。」我問其他同學是否贊成，全班點頭。「哇，」我心想，「我們究竟怎麼走到這一步？」

時時黏在螢幕上

一支手機在握，幾乎等同青春期。短短幾年內，有手機的青少年人數激增。皮尤研究中心（Pew Research Center）二〇一八年的一份報告指出，青少年有手機或能用手機的比例為九成五，比二〇一四至二〇一五年的七成三高出二十二個百分點[2]。遠在他們有自己的手機之前，絕大多數人在長牙時便開始玩爸媽的手機、平板和電腦。

同樣根據那份報告，四成五的青少年說自己「差不多隨時隨地」上網，較二〇一四至二〇一五年的兩成四幾乎加倍。另有四成四的青少年說他們一天多次上網。整體而言，約十分之九的青少年說自己每天上網多次[3]。

如果你以為這是美國才有的現象，請重新思考。亞洲與非洲，用手機上網的比例是美國的兩倍多。這些區域有不少國家直接跳過桌上型與筆記型電腦，一開始便使用連線手機，因為更便宜、更容易取得、也更好用。今天在中國、台灣及南韓，估計有百分之一點六到十一點三的青少年網路「成癮」，中國又是第一個將網路成癮視為臨床病症的國家[4]。

數年前讓我驚異的現象——青少年埋首螢幕，對周遭完全置之不理——現在人人見怪不怪。而且他們埋首的時間每年呈指數型增加。無論從我學生身上或蒐集到的相關資訊，在在證明此點。

每一年，我都會要求升上來的七年級跟八年級生，寫下暑假平日從起床到睡覺所做的每件事。這很重要，因為我們往往不自覺使用螢幕的情形。螢幕無所不在：超市，餐館，加油站。孩子不只用螢幕傳簡訊，也用它來看天氣、查找前往朋友家的路線、谷歌想知道的每件事。日常生活與螢幕逐漸難解難分，而且從他們牙牙學語開始。所以說，除非詳細記錄，他們根本不會曉得自己花多少時間在螢幕上。

過去七年，每年我都出這功課，每年學生自己報告的螢幕時間都跟全國平均相符，不只我們學校如此，其他有教網路公民的學校亦然。而去年的資料讓我大吃一驚；僅僅一班，每個孩子每日平均上網時間便高達十一點五個鐘頭。

發現自己花這麼多時間盯著螢幕，學生跟我一樣驚訝。當我要他們思考螢幕可能排擠掉線下哪些事情，許多人難免傷感地承認自己但願曾「多花時間到海邊」、「跟朋友玩」或

「彈吉他」。所以當「常識媒體」二〇一六年出的報告，說有半數青少年稱「自覺成癮」於移動設備時，我一點也不驚訝[5]。

滑掉靈魂

爽朗活潑的裘妮．賽雅尼（Joni Siani），在艾達山學院（Mount Ida College）教授媒體傳播，學校位於麻州波士頓外圍。幾年前她留意到學生人際技巧明顯滑落，她認為是他們使用手機的時間增加所致。

「我開始發現，他們與我們一度以為不過是很酷的這個科技產品，發展出非常不一樣的關係，」賽雅尼跟我說，「才短短十年，這東西似乎整個改變了他們與人的互動。這是最嫻熟科技的一代，卻也是最不善於社交的一代。」[6]

出身麻州劍橋學院（Cambridge College）心理學教育碩士的賽雅尼，很想了解學生與手機在心理層面的依附關係，便問學生：手機讓他們覺得怎樣。

「如果有人拿走我的手機，那會感覺很可怕，」泰勒，一名染成紅髮的年輕女生告訴她，「我連洗澡都帶著手機。」

另一個名叫麥克的學生說：「我必須知道大家都在幹嘛，單憑這個原因，我就無法忍受手機不在手邊。」

賽雅尼決定設計一個社交實驗，幫助學生發展出更好的人際溝通技巧，「不用憑藉3C產品」。短短幾年下來的發現簡直令人大開眼界，學生們催促她寫成書，她照辦了。學生又說：「可是我們這一代不看書，你得拍成影片！」她也照辦了。書跟得獎的紀錄片同名，叫《滑掉靈魂》（*Celling Your Soul*）[7]。

最近我碰到賽雅尼，便追問此事。她的學生比我的學生大十五歲左右，我很想知道我這些孩子將會碰上什麼，哪些人又已經出現這樣麻煩的成癮狀況。

她告訴我，在指導學生改善人際技巧——像是不帶批判、同理傾聽——後，她要求他們遠離這些高科技產品。不是我跟我學生提出的二十四小時喔，她名之為「數位洗滌」的禁令，得持續整整一週。說斷就斷，沒有手機，沒有網路，什麼都沒有。

根據她班上一位叫史蒂夫的學生說：「當賽雅尼小姐宣布我們的期末作業是遠離手機跟網路一個禮拜，我當下的反應是，『我怎樣可以躲開這件事而不被當掉？』」

就像我的學生們，賽雅尼的學生大多很惱火，也向她開砲。

「什麼嘛，太扯了，你不能這樣要求我們。」

「她以為她誰啊？活到那個年紀，她已經很懂怎麼跟旁人往來。我要怎樣知道朋友都在幹嘛呢？」

「這一代理解的訊息是，」賽雅尼跟我說，「沒有手裡那個東西，大家無法互通有無，彼此聯繫。他們全都覺得『不能離手』。」[8]

「網路成癮」確有其事？

真的。

至少每個人都這樣想。每次走訪學校、社區時，我率先拋出的問題裡會有這個：當你們想到孩子與科技，腦中首先浮起什麼字眼？眾人最常喊出的就是這個：不能離手、成癮了。

但「網路成癮」並非正式的臨床診斷。全球公衛專家奉為圭臬的〈精神疾病診斷與統計手冊〉第五版（*Diagnostic and Statistical Manual of Mental Disorders, DSM-5*），沒有這個項目[9]。手冊中唯一一個不是藥物引起的行為成癮是「病態賭博」（gambling disorder）。儘管如此，「成癮」這個名詞經常出現，且常與科技相提並論，尤其談到孩子時。

網路與科技成癮中心（Center for Internet and Technology Addiction）創辦人，也是康乃狄克大學醫學院心理系臨床助理教授的大衛．格林菲（David Greenfield）博士，是網路、電腦、數位媒體成癮與強迫症方面的先驅。我是二〇一五年參加在康州哈特福郡舉辦，第一屆數位公民高峰會時遇見他。他是唯一談到科技過度使用問題的來賓。他解釋，網路成癮雖還不算正式病症，多數人——尤其孩子——卻已出現強迫行為，或是過度使用手機。當這種行為影響到生活各個層面——社交關係，學業表現，家庭關係——這個問題就很值得重視。

幾年後我又請教格林菲，因為我很想知道這問題是轉好或變壞。他說，隨著父母更早給孩子手機，他看到孩子十二、三歲就有成癮傾向。他稱為「D世代」（D代表數位）的這群孩子，從小不離科技。到了他們最為脆弱的年紀，科技已是他們同儕文化裡根深柢固的一部分[10]。

世上最小的吃角子老虎

格林菲稱手機為「世上最小的吃角子老虎」，網路則是最大的[11]。就像吃角子老虎，它們靠的是「變率增強機制」（variable-ration reinforcement schedule）；意思是每次我們上網，永遠不曉得接著會出現什麼，那種不可預期就促使我們不斷繼續。想想那聲「叮」背後一則訊息，社群媒體一則回應，或最新的新聞事件。那些通知帶給大腦微量的多巴胺——使人興奮的化學物質；當我們上網檢查那聲叮的究竟，又再次體會那令人爽快的化學刺激。揣想那聲音蘊藏什麼的期待感，甚至比收到簡訊、「讚」或頭條新聞更能激發多巴胺。

這些通知所啟動的多巴胺獎勵中心，跟我們享受美食、做愛、吸毒、飲酒、賭博刺激的大腦享樂區域一樣。這新聞很大條，因為長久以來，科學界總認為上網打怪引發的快感絕對不比具體藥物。現在證明，他們錯了。這些情境在腦中激起的神經興奮模式幾乎完全相同。今天，正子掃描及功能性磁振造影，顯示腦部享樂區域的葡萄糖攝取增加，而當中扮演神經傳導物的角色就是多巴胺。

卡達拉斯博士在那篇〈數位海洛因：螢幕把孩子變成精神吸毒者〉（It's 'Digital Heroin'）寫道：「如今我們知道，那些iPads、智慧型手機、電玩遊戲其實是數位毒品。由最新的腦部顯像可見，這些東西影響前額葉皮質——該部位掌控執行功能，包括克制衝動——的程度，與海洛因無異。3C產品如此令人沉迷，其刺激多巴胺——造成上癮的主要神經傳導物——程度不下床第之歡。」[12]

前額葉皮質發展完全的成人都很難抗拒科技，青少年在生理構造上就更處於不利。如果這還不夠糟，青春期各種狀況則又讓他們更無力推拒科技魅力。

首先，孩子一進入青春期，用上多巴胺的神經迴路活動日趨熱烈，此階段中期更達到顛峰。這驅使他們想嘗試帶來愉悅的藥物和體驗，像是社群媒體的「讚」、通知簡訊進來的輕響。加州大學洛杉磯校區醫學院大腦定位中心（Ahmanson-Lovelace Brain Mapping Center）

做過一場實驗，把三十二名青少年的照片放上電腦螢幕十二分鐘，用功能性磁振造影分析他們的腦部活動[13]。每張照片會顯示據說是其他受測者的「讚」（實際上是研究者所放）。學者們發現，當這些孩子看到自己照片被多次按讚，腦部的報償迴路（reward circuitry）明顯活躍，學者說這個區塊在青春期格外敏銳。

其次，青少年投身網路獲得快樂之餘，又較成人更易沉迷其中。法蘭西斯・詹森（Frances Jensen）博士在其著作《青春期的腦內風暴：腦神經科學家教你如何面對衝動、易怒、難溝通、陰陽怪氣的青春期孩子》（*The Teenage Brain*）分析，相較於成人，青少年學習快速，而沉迷也是一種學習[14]。這種快速學會某種產生癮頭的行為，具體表現在抽菸的青少年；較之於抽菸量同樣的大人，他們呈現更強烈的菸癮[15]。

最後，強迫性或沉迷性的行為，足以綁架大腦通往前額葉皮質判斷中心的能力。這塊區域職司這類質疑，「這則簡訊重要嗎？」或「我有需要每五分鐘檢查一次Snapchat嗎？」判斷中心要到二十五歲才真正成熟，換言之，青少年原就很難做出周全的決定。美國租車業多明白這個道理，才規定起碼二十五歲才能租車[16]。

所以總結一下。第一，孩子的手機一響就激發多巴胺送出愉悅感，頻率很高。第二，孩子比成人更容易沉迷愉悅體驗，像是手機傳來的各種東西。第三，何時該放下手機或置之不理，孩子缺乏這種判斷力。

因此也就不難理解，他們何以「上了癮」。

綁架孩子的注意力

科技是為了獵取占有我們的注意，這背後有科學基礎。史丹佛大學「說服科技實驗室」（Persuasive Tech Lab）創辦人法格（B. J. Fogg）博士率先作出解釋，於一九九六年提出「綁架式科技」（captology）一詞，探討旨在說服的電腦學問。根據該實驗室網頁，「綁架式科技」包括「以改變人們行為或態度為最高指導原則，對互動型計算產品（電腦、手機、網站、無線科技、移動式應用程式、電玩遊戲等）進行的設計、研究、倫理與分析。」[17]

法格最為人所知可能是他的「行為模式」，那是一套剖析人在三種驅力——動機

（motivation）、觸發（trigger）、能力（ability）——交集下出現特定行為的體系。三個因子結合在一起，即可成功激發不知情的使用者做出你期待的反應。運用這套模式，設計者甚至能精準辨識出，是什麼阻擋了使用者採取他們期待的行為。曾以相當時間鑽研媒體心理學的我，覺得這實在太神奇。作為一個母親與教育者，這又令我非常憂心。

據報在二〇〇七年，有七十五名學生塞爆法格在史丹佛開的這門課，「十週過後，這些學生——許多後來成為臉書、谷歌、Uber的產品設計師——寫出的程式共吸引一千六百萬名使用者，打造美金百萬的廣告收入，隨心駕馭出我們無法釋手的應用程式。」[18]

法格在他二〇〇三年出版的《誘導式科技：藉電腦改變思考行為》（*Persuasive Technology*）一書，揭示其模式之成立基礎。帶點預言世界末日的口吻，他寫道：「人絕對無法像機器那樣堅持不懈。電腦不會疲倦、退縮、沮喪，它們不吃不睡，儘可日夜不斷嘗試，仔細觀察，伺機而動……就誘導來說，這樣高強度的堅持必有所獲。」[19]

讀到這裡我無法不想到，那些我聽到的遠離手機一天、反應何其驚恐的七年級學生。身處生物及科技之力夾擊，他們毫無對抗的可能。而那綁架他們心力的各種伎倆，年年不斷升級。

且舉一例：當孩子在某張照片被「標記」，馬上會收到通知，除非他們事先取消這項功能。當他們寫訊息或用Snapchat聯繫朋友，立刻能看見對方開始回覆（除非他們也有取消掉這項功能）。孩子最常用的網站之一的YouTube，觀賞中這部影片一結束便隨即播放另一部，不讓他們的注意力跑掉。其他如網飛（Netflix）等也採同樣策略，下一集或類似影片緊隨在後。這種設計旨在讓孩子（大人也是）黏在當下的對話、網站、應用程式——而這些策略頗能奏效。

另一個深受青少年喜愛的社群平台Snapchat（又稱「Snap」），有幾招提升黏著度的手法十分有效，Snapstreak便是其一。連續三天，朋友在二十四小時之內互相傳訊，就啟動了Snapstreak。使用者會看到螢幕上出現火焰符號的獎勵與天數，激勵他們繼續。當Snapstreak接近終點，他們甚至會看到自己名字旁邊出現一個沙漏。

為了讓Snapstreak走下去，有些青少年把登入資訊告訴朋友，求對方在他們（老天保佑這種事不該發生）不得不遠離手機時（也許因某個可惡的作業，就像我出的那種遠離媒體）

能代他們繼續。

「要維繫streak壓力好大，」一個年輕女孩告訴我，「但我覺得萬一我停掉就等於斷了這個友誼，我不想當這個角色。」

抗拒立刻回訊或延續Snapstreak的衝動，會引發青少年很大的焦慮。就算只是聽到室內電話鈴響或有streak沒回，也會激發腎上腺素與皮質醇（壓力荷爾蒙）居高不下，使血壓上升，心跳加速，焦慮心煩，心神不寧。最簡單的自處之道就是拿起電話釐清究竟。向這股衝動一低頭，砰，你馬上得到令你舒暢的多巴胺。

看著十幾歲女兒做功課，我繼續思索。她幾乎每分鐘都被朋友傳來的問題或意見打斷（雖說多數都與作業有關）。即便她關閉鈴聲，那該死的手機卻震動地像條響尾蛇。這問題我們談過幾百遍，她雖然很懂「關掉手機」（有意思的是，那總在我要找她之時），但作業需要指點時卻並不可行。

那些公司在設計這些產品時，怎麼沒考慮到孩子的脆弱（與功課）？他們不需承擔社會責任嗎？我請教奧里·阿祖雷（Ouri Azoulay）這個問題。住在以色列特拉維夫的阿祖雷曾擔任PureSight的執行長，這是全球最早的家長監控軟體公司之一，時至今日，該軟體遍布世界，其中讓家長能控制孩子的上線時間是最受歡迎的功能之一。

「要設計出不讓小孩過度使用手機的演算法，就跟設計一套讓他們拚命用手機的那麼簡單，」阿祖雷說，「但記住，當消費者花愈多時間上網——不管他是七歲或七十歲——就代表更多的錢，更高的廣告收入，更多額外付費營收。說到底，事關生意。」[20]

蓋伯・季徹曼（Gabe Zichermann）也這麼告訴我。身為遊戲化（gamification）、使用者黏著度、行為改變等領域先驅，季徹曼身兼多重角色：創業家、行為式設計師（behavioral designer）、演說家、作家。「懂享受生活的人」，則是他對自己的形容。對科技的熱情毋庸置疑，但他認為讓人成癮的科技「危害甚巨，令人十分憂心」[21]。他最新一套程式叫做「Onward」，利用最新科學與人工智慧幫使用者駕馭成癮行為。

「重點在於，」季徹曼說明，「科技公司大體上不能拿產品賣錢，就設法讓大眾離不開他們的產品，意謂我們不會要臉書或遊戲產業做出較爛的東西。那絕不可能發生。」他說這個問題「貫穿所有政經階層、各種產品服務——可說無孔不入。臉書跟ＩＧ是當今兩家最大的犯行者，卻也只是眾多裡面之一。我們不可能要求每家公司修正。」[22]

改變出現曙光了嗎？

曾任谷歌設計倫理師（design ethicist）的特里斯坦．哈利斯（Tristan Harris）（也是法格史丹佛實驗室的畢業生），辭去工作，自行成立非營利機構「善用時光」（Time Well Spent），宗旨：勸導科技公司及設計師製作「不綁架我們心靈」之產品。他告訴美國公共廣播電台：「多數公司不會考慮其產品對孩子造成什麼影響，因為設計師多半也還只是個孩子。」[23]

「年齡真的舉足輕重，」哈利斯說明，「因為比方說，如果公司員工都沒有小孩，大家又怎麼會在意產品對下一代的影響？」哈利斯稱此為「嚴重的盲點，尤其像Snapchat這樣一個年輕公司。」[24] Snapchat幾位創辦人於二〇一一年寫出這個應用程式時還在念大學，現在全美五成四的青少年每天會上Snapchat，當中四成七宣稱這是他們最重要的社群網絡[25]。

許多領頭的科技專家及相關投資人已開始追隨哈利斯的腳步。蘋果兩名主要投資人要求公司檢視產品對健康產生的影響，要讓消費者有方法限縮兒童使用iPhones與iPads[26]。蘋果執行長庫克（Tim Cook）告訴《衛報》，學校應限制使用科技，並且就個人而言，「他不希望自己外甥用社群網絡。」[27]在網站Axios一篇流傳甚廣的訪談中，創立Napster（譯注：盜版音樂分享網站）、曾是臉書首任總裁的科技人西恩．帕克（Sean Parker）說，該公司明白自己打造出令人上癮的東西，「只有上帝知道，那會如何影響孩子的腦部發育。」[28]十多位小兒科醫師與精神衛生專家，呼籲臉書撤掉為小至六歲的兒童推出之通訊軟體「Messenger Kids」，稱該軟體「坑害一群尚未發展至能上社群網路的弱勢團體」[29]。同時有一漸受重視的運動——「八年級再說」（Wait Until 8th），鼓勵家長堅持不讓小孩在此之前獲得手機[30]。

現在，哈利斯投身新任務「人道科技中心」（Center for Humane Technology），由檯面上一群關注相關議題的科技專家支持成立。網頁展示其宏大願景：「扭轉數位注意力危機／就人類最佳利益校正科技尺度」[31]。名為「進步之路」（The Way Forward）的網頁宣稱：「人道設計就是解答。」該中心將「打造符合人道的設計標準、政策與商業模式，以更符合人性及我們期待的生活方式」[32]。

季徹曼告訴我他對這番願景的憂慮，他說他也直接告訴過哈利斯：「當公司組織自認受迫於政府或壓力團體，通常會答應自我約束，多數卻落得只說不練。」他提醒我回想社會曾給酒商怎樣的壓力，最後得到一行提醒：請以責任感飲酒。「面對產品令人上癮的質疑，酒商最多只能做到這樣，所以就是如此收場。」季徹曼說，「除非我們給眾人工具，讓大家得以自行設限。」[33]

讓孩子自行設限

給孩子工具讓他們自行設下與科技的界線，聽來似乎有點矛盾，卻是我能給你最有效的策略（除了靜觀政府產業的規定或改革發生）。採取以下步驟，全家將在線上線下取得健全的美好平衡。

步驟一：自我教育螢幕時間

二〇一五年春，我受邀參加美國小兒科學會（American Academy of Pediatrics）於伊利諾州羅斯蒙特（Rosemont）舉辦的「數位成長：媒體研究座談」。小兒科學會希冀藉此機會——社會科學、神經科學、媒體研究、教育、小兒科醫療各界重要人士齊聚一堂——透過論述確鑿的研究，深入了解——日漸增加的媒體接觸究竟對孩子身體、認知、社交及情緒健康造成何種影響。

小兒科學會一直是家長及小兒科醫師們信賴的對象，他們在一九九九年曾發出一項政策宣言，儘管媒體今非昔比，這項政策並未改變：兩歲及以下之兒童需避免任何螢幕；兩歲以上之兒童，家長可准許一天最多兩小時之高品質內容。

看到這裡，如果你發現自己正喃喃自語：「開什麼玩笑？」那歡迎你加入——那是父母將那政策與孩子實際螢幕習慣對照後的典型反應。但科學不管習慣，它只從科學數據做出結論，長期數據最好。熱騰騰剛出爐的科技，很難拿它怎麼辦。

小兒科學會很值得讚許，沒有坐等長期研究，他們優秀的醫師透過座談會審視既有資訊。經過十八個月的時間消化，再於二〇一六年十月釋出更新建議。你可能認得以下曾現身第一章的幼兒指南[34]：

- 若幼兒小於十八個月，避免視訊以外的螢幕媒體。十八至二十四個月大幼兒的家長，若準備讓孩子看數位媒體，應選擇高品質節目，並與孩子一同觀看，教孩子認識所看內容。
- 二至五歲的幼兒，應限制每日觀看時間最多一小時，內容屬高品質。家長應與孩子一同觀看，協助孩子理解內容，能夠應用到真實生活。

至於較大一點的孩子，小兒科學會決定揚棄具體數字，把焦點擺在限制、內容、溝通：

- 六歲以上的兒童，要求一定的媒體使用時間、媒體型態，確保不會影響睡眠、運動、攸關健康的其他行為。
- 畫出遠離媒體的全家時光，像是晚餐或開車；設定家中不准使用媒體的區域，例如臥室。
- 經常溝通網路公民意識與安全課題，包括尊重他人，無論線上或線下。

為能讓家長「易於」了解這些新建議，小兒科學會在網路準備了「家庭媒體使用工具」（https://www.healthychildren.org/English/media/Pages/default.aspx），協助爸媽們管理每個孩子掛在網上的時間。

還有一個障礙得跨越：即便有這些新的方針與實用工具，具體落實仍得仰賴父母做到這些事情：

- 尋找、選擇適合的應用程式。
- 與孩子一同觀看討論這些程式。
- 依據孩子年齡，限制及管理螢幕時間。
- 絕對別讓追劇影響日常生活品質。

你也知道，爸媽是很忙的。再怎麼立意良善的父母，也很難撥時間過濾程式，更別說硬擠出一小時跟孩子一起觀看討論，尤其這些媒體常是讓父母得以喘息的出口。但不設法為此找出時間，恐怕後悔莫及。

要能有效管理孩子使用媒體，多少也需要點偵查技巧，尤其當孩子逐漸長大，會跑到朋友家或其他你鞭長莫及的地方。有時候，不妨藉科技管理科技。

步驟二：藉科技管理科技

我每次到旅程學校上網路公民課，都會像華德福學校那樣在孩子上下課時與他們一一握手，注視他們雙眼（數位時代的明智之舉——孩子需要這種練習）。這除了讓我能跟每個孩子建立交集，也讓孩子有機會跟我分享心得。有一天，一個叫納森的男生離開教室之際停下腳步，「你真應該跟我們的媽媽上這些課的！」他這麼建議。「好主意。」我想。我把這點子告訴辛蒂雅．李伯曼（Cynthia Lieberman），她之前在索尼擔任公關總監，現在加州大學洛杉磯分校教媒體行銷，本身有兩個千禧世代的孩子。我們都剛完成媒體心理學碩士課程，熱切希望能發揮所學。多虧納森的建議，我們決定為家長們推出一個網站：「網路智慧」（Cyberwise），我先生則幫我們想出一句有力的標語：一個大人都不能少（No Grownup Left Behind!）！

這個網站逐步推廣，我們也四處巡訪各校面對家長。有天晚上我們到洛城某校簡報，出席家長無不急於討論孩子掛在網上的時間。就在他們輪番表達對這問題的焦灼時，我觀察他們靜靜坐在禮堂後方的孩子。這些孩子全都埋首3C產品——平板、手提電腦、智慧型手機——完全無視大人談話。當我點出這個現象，爸媽解釋孩子必須上網，因為他們「得做功課」。

李伯曼很好奇他們究竟在幹嘛，就踱步過去。她不動聲色地從背後看去，看到IG貼文、Snapchat動態、簡訊（一大堆簡訊）……跟一些功課。「他們真正在做的，就是當過蘋果、微軟高階主管的琳達．史東（Linda Stone）所說的『持續分心』：大腦在各種事情間來回轉換。」李伯曼說。如果你問孩子，他們會說他們有辦法同時處理這機器能讓他們做的所有事情。但其實，來回處理不同工作，效能會減低。跟孩子們所想的相反：來回跳躍處理許多任務，要比一次專心做好一件更花時間。

輪到李伯曼登場，她問孩子通常在他們的移動設備做些什麼，當下又在做什麼。傻笑聲伴隨著幾句回答：「做功課。」「是喔，功課，當然。」李伯曼追問他們是不是只在做功課，多數孩子不自在地扭動身軀，勉強承認：「呃，期間我們或許也有傳個簡訊、玩點遊戲吧。」

「真相是，課堂上課堂外，這些無所不在的數位娛樂轟炸，是孩子難以承擔的挑戰，」李伯曼說，「父母必須幫他們學會專注。」

家長監控軟體可以幫忙

現在有很多家長監控軟體，能幫父母不僅注意孩子上網做些什麼，也能控制時間。Mobicip, FamilyZone, Surfie, Net Nanny, Torch, Bark, Circle with Disney, Qustodio就是其中幾種，都有類似的鈴響聲，不貴，安裝簡單使用容易。這些軟體能讓忙碌的家長保護孩子安全，大多也能輕鬆地限定時間。有愈來愈多父母純粹為了這個目的尋找這類軟體。

此外，現在的設備——iPhone, Android手機，蘋果電腦或個人電腦——也已裝有許多家長監控功能，時間管理工具也在內。通常可從系統設定選擇，操作簡單，即便你對科技不熟也能輕鬆完成。如果需要幫助，可上YouTube尋找「家長監控＿＿＿」（空白處鍵入你與／或孩子使用的設備種類）。

在這五個步驟裡，請別只選擇這一項。藉科技治科技並非理想作為，孩子長大就知道怎麼對付爸媽安裝的這些東西。小孩到十二、三歲甚至更小，這些監控軟體便逐漸失效。所以家長一定要讓孩子學會自己放下3C產品，理解背後道理。讓孩子體驗到遠離這些設備的好處很重要，而且要多多練習。記住，小孩透過不斷接觸學習，學會的速度比成人要快。這也適用於遠離手機。

他們也需要成人楷模，示範怎麼放下手機。

步驟三：以身作則

在我要求學生放下手機一天時，我會寫信給家長，請他們同樣照做，然後全家一起討論這番體驗。去年，當我跟學生提出這項作業時，他們警告我說這絕對不是好主意。

「我媽絕對不可能辦到的。」

「我爸得用電子郵件工作。」

「不能傳簡訊給我，我媽會死。」

他們還真沒錯。爸媽們對這項作業的反應跟孩子一樣低迷。許多學生事後寫下對父母的失望：

「我爸媽太差勁了，五分鐘不到就拿起手機。」

「我就知道我媽離不開她的手機。」

「要我遠離手機二十四小時很難，而要我爸媽離開二十四分鐘也不可能。」

孩子的媒體習慣學自大人，這可不是好消息。試想他們還在襁褓時眼中所見：所有的大人重視手機時間遠甚面對面。二〇一六年常識媒體做的一份調查顯示，與孩子相比，大人面對螢幕的時間只有更多。家有青少年的父母，每天用螢幕的時間平均超過九個鐘頭，其中八成二的時間用於私人，非關工作。而七成八的父母卻以為自己是孩子面對媒體科技的好榜樣。[35]

根據同樣這份研究，家長表示他們對媒體最大的擔憂在「孩子上網的時間」。他們說，自己「有點」或「非常」擔心孩子花太多時間上網（四成三），過半數擔憂孩子可能沉迷於科技。[36]

所以說，擔心孩子上網時間的家長，自己花大量時間盯著螢幕，孩子都看在眼裡。聽來我們就像在滾輪上停不下來的倉鼠。唯一解決方法，可能是放下手機。

步驟四：練習放下

去年暑假我們全家去尼加拉瓜度假。我為必須遠離我的電腦做足準備：我打電話給電信公司，訂購「護照」服務，一天只要十塊美金，就能確保我能照樣用那些常用功能——電子郵件、簡訊等等。於是，雖然（多多少少）遠離網路，我相信自己仍能隨時上網。

抵達尼加拉瓜第一天，我的iPhone就被偷了。兩個女兒簡直樂不可支。這個一天到晚訓著遠離手機大道理的女人，終於嚐到個中滋味。

我不打算撒謊，那兩個禮拜真不容易。我最懷念的，是能隨時拍照上傳分享。我幾乎已經忘了，不過短短幾十年前，我得等假期結束才能看到照片，更別說跟親友分享。迷路時——那經常發生——我不再能仰賴我的導航程式指引方向；我得用西班牙文跟真人開口，問路也用西班牙文。沒有語言程式幫忙，我也不能靠羅盤判斷方向，所以我做了一件很久沒做的事：靠路標指路——山脈，太平洋，太陽所在的位置。我自覺像現代麥哲倫。

沒了手機，我開始留意周遭許多東西。有天下午我們在萊昂（Leon）鎮一個廣場邊的餐館吃飯，萊昂靠近首都馬納瓜（Managua），景色如畫。下午正是觀看人們的好機會。我們隔壁坐著十來個美國觀光客，全都是十幾歲的女生，只顧盯著手機，不去欣賞周遭的景色聲響。而我要不是掉了手機也不可能去欣賞這些！等我們回到洛杉磯機場，我已成了觀看別人盯手機的專家。排隊過海關時，我發現我是除了一個熟睡的嬰兒之外唯一沒有埋首螢幕的人。我想，假如眼睛真是靈魂之窗，我們可變成怎樣一個沒有靈魂的社會！

這番近似禪的頓悟，在我的新iPhone送到時便煙消雲散。

但這次非自願的無手機狀態帶來的一些好處仍在。我決定一回到家就取消所有通知，至今依然。不再每次有簡訊、推特或臉書留言進來就驚跳一下，真好。我也試著不再每五分鐘就檢查郵件。我不是聖人，女兒可以作證。打破成癮習性，需要高度自覺與練習。但對我來說，若不是掉過手機，我不會體會或學到遠離手機的好處。所以，我要對那位從我背包拿走我手機的人說：「謝謝你。」（對蘋果公司我則要說：「感謝上帝。」讓我能從遠端清除手機資訊！）

遠離手機真享受

我希望我那些不甘願的七年級學生也能體會這種清淨的好處，我給他們幾個月的時間完成這項作業。儘管時間這麼長，儘管我一直告誡沒做會影響期末成績，二十八個人裡面還是只有九人做到。這本來算是重大失敗，還好那九人之中包括尼克，也就是那個跳起來控訴這作業不合法的男生。體驗過遠離媒體的一天後，他交給我以下這篇短文：

上禮拜六我過了沒有媒體的二十四小時。這很難，因為我的生活幾乎都繞著媒體打轉。這下子我得做些別的事，像是遛狗或到公園走走甚至跟家人去騎單車。而最棒的地方是，過沒多久，你開始覺得平靜放鬆。我認為所有人都該嘗試一下二十四小時遠離媒體。

幾個月後，我問尼克是否仍覺得這作業有好處。「嗯，起先我覺得真蠢，」他跟我說，

「但那真的讓我發現，沒有手機我沒事，甚至還能享受。」

走到教室門口，尼克轉身補上一句，「格雷伯小姐，你絕對要多指派幾次這個作業。」

挑戰數位洗滌

儘管學生怨聲載道，賽雅尼仍堅持「數位洗滌」這項挑戰。而她比我好運。「過了幾天，」她告訴我，「幾乎每個學生都開始正面回報，儘管過程艱辛。」

就以史蒂夫為例，那個以為自己絕對受不了沒手機的男孩，他說：「跨到真實世界其實很棒。通常我到學校路上都戴著耳機，幾乎不跟人講話，但這段期間我會跟陌生人互動，跟他們打招呼，揮個手什麼的。感覺很好。」

另一名學生說：「我以為自己有失眠的困擾，但當手機電腦不在旁邊，我在車上睡了大概有十五分鐘。整個人神清氣爽的感覺真棒。」

「每個做過這個功課的學生都有得到好處，樂於分享。」賽雅尼說。而他們能否持續則有待觀察。「那對他們很難，」她坦承，「就因為這樣，所以要趁孩子還小就教他們認識實際與人往來的好處。」

賽雅尼鼓勵我繼續努力讓學生體驗無手機的滋味。「人都需要被他人理解，這種需求根植在我們的DNA，」她跟我說，「一整個世代都錯失了這點。他們愈早了解真正人際互動的價值，愈常試著與人連結，整個社會都將蒙受其利。」[37]

步驟五：接近大自然

我還不到兩歲時，爸爸常把我放在他那台十段變速的老鐵馬橫架上，載著我從家裡騎五公里左右到海邊。聽來不很安全，卻是我最美好的回憶之一，應該也解釋了我為何一有空就去騎車，為何職涯初期多從事戶外運動項目。現在我總設法讓孩子們也有此嗜好。對自己的女兒不難做到：每當她們老爸忙於拍片，我們母女就在四處晃蕩。對學生，我則鼓勵他們想出能在戶外做的活動，暫且放下科技。相對地，他們激勵我把戶外想成能讓大家同時享受大自然與科技之處。

「在我想像的美好世界中，我會希望孩子不要把3C產品帶到公園等地，」作家蜜雪兒・薇緹格（Micchele Whiteaker）跟我說，「但我明白那是一廂情願。很遺憾，他們就是缺乏適當的指引，教他們如何找到科技與自然間的美妙平衡。」[38]

薇緹格領有導覽證照，育有兩個小孩，十多年前成立部落格「橘郡好玩公園」（FunOrangeCountyParks.com），鼓舞全家大小出外嬉戲。幾年前，她邀我一起為部落格「兒童與野外聯網」（Children & Nature Network）探討孩子——大人也是——如何拿捏科技與大自然的良好平衡。我覺得這主意很棒，欣然加入。於是我們推出以下的指導原則：

- **研究在前，分享在後**。藉科技充實自然饗宴，出發前回來後都是適當時機。薇緹格稱之為「書擋」。在外時拍些照無妨，但更多時候，請把自拍棒換為探路杖，手機收好，真切感受大自然。
- **以「為什麼」為師**。隨時自問，有必要上網嗎？例如，你寫部落格是為了感動人？為大自然留影？講故事？做研究？藉照片「搜集」動植物？探索四周？如果答案皆非，就請放下科技，享受當下。
- **別分心**。問自己：身上的3C產品有幫你看得更真切，還是讓你錯失眼前？如果出來是為了親近自然，就給自然以全副注意力。幾年前有一班學生完全錯過鯨魚躍起的畫面，就因他們都忙著滑手機；另一班因為同樣原因，幾乎直直撞向站在前方的鹿。別讓自己與這些奇妙時刻擦身。

- **戶外一小時，絕不嫌多**。一定，一定，一定要找時間出遊，且專注當下，別任由簡訊、推特、Snaps的聲響從中作梗。晚點它們仍在。你愈常出去，愈能從容駕馭。
- **關閉聲音，四周瀏覽**。體驗大自然必須保持靜默，才能享受到大地之聲。沒人樂於因傳簡訊或拍照的喀嗤作響而錯過這些。對喜愛自然的人及生活其中的動物來說，天地神聖。儘可能別造成干擾。
- **科技本身不糟，就怕你誤用**。科技常遭詆毀，被視為大自然體驗的對立，但其實它可以是好幫手。藉科技以確認、研究、導覽，可深化你的野外體驗，但記住，不知道某樣東西名稱仍無礙對它的欣賞。而若意外迷途或碰上麻煩，手邊有電話很有幫助。
- **別踐踏森林來凸顯自己**。曾有塗鴉藝人在國家公園塗抹岩層好展示於自己的ＩＧ，更有一位出身童子軍領隊者，為了影片效果去敲擊古老岩層。[39]不能因想跟「朋友」分享體驗而做過頭，就像那在瀑布自拍卻摔死的人[40]。任何影像都不值得赴死一求。

- **大自然是它本身最好的導師**。唯有當我們如實體會，自然的價值才會顯現。當你目睹可能是空前絕後的一瞬（就像我在本章開頭提到的紐西蘭南島奇觀），你就嘗到了理察・洛夫（Richard Louv）——《失去山林的孩子：拯救「大自然缺失症」兒童》（*Last Child in the Woods*）作者——所說的「維他命N」[41]；洛夫以為，維他命N讓我們能對抗險阻，更加聰明、快樂與強壯。

網路公民時間

孩子不免想黏在螢幕前，很久很久，如果你不加以阻止的話。所以一定要教他們學會拿捏盯螢幕時間與其他事情的妥當平衡。他們可能需要你提醒，線下生活有什麼有趣之處；他們也許需要指引，怎麼結合線上與線下的世界，就像之前提到科技與自然的例子。但孩子很聰明，可塑性很高，就算一開始會抗拒，最終會感激你的幫助。我保證。記住，平衡是根本——要達到平衡點，努力維持，但願這些活動有助你們全家到達這個目的地。

列出線下生活清單

許多孩子都覺得上網最好玩，那很可惜，真實世界也有一堆有趣之事。格林菲博士協助患者重新體驗線下之趣，是叫他們寫出百件無須螢幕的活動。雖然許多人起先覺得很難，開始後就變得簡單。那張清單後來成了指路圖，每當想上網的癮頭一起，就有各式活動任君挑選。

這項活動很適合全家一起進行。目標是：當孩子又嚷著沒事可做，你可以向這張清單求援（這單子對下一個活動也有用處）。你們可以這樣做：

一、準備一大張白紙，最上方寫下「一百則非螢幕活動」。跟孩子一起想出不用螢幕而全家能一起或他們自己可做之事。全家可以到公園、海邊、動物園。他們自己可畫畫、速寫、溜滑板、健行（依孩子年紀興趣而定）。他們還能寫信給爺爺奶奶、幫你準備晚餐或遛狗。重點在激盪出一百則點子，一一寫下。

二、把清單貼在家中顯眼位置。鼓勵孩子一旦想玩手機或已經上網太久，就過去看看。你發現自己無意識地滑臉書看留言，也可起身去找靈感。藉此激勵家人，一起或個別從事無關螢幕的趣味活動。說不定孩子會發現這些線下事情還更好玩，多巴胺不停分泌，以致寧可不玩「要塞英雄」（Fortnite）而希望全家去遠足。誰知道？

參與改善數位飲食

上網的時間——檢查簡訊、聽播客、找路、看社群網站——加總量委實令人驚異。這個活動能讓孩子（跟你）正視自己的數位飲食。看清自己怎麼分配時間——線上線下——有助孩子發現自己的飲食是否健康。走完以下幾個步驟，你就能積極參與：

一、找個尋常週末，要孩子記錄他們從醒來到上床之間所做的每一件事（你也該如法泡製）。提醒他們留意自己睜眼後第一個舉動（問孩子：「你是伸手找手機看簡訊嗎？」）。叫他們想想自己在車上做什麼（問：「你是用手機聽音樂？看社群媒體？」）。晚餐時，提醒他們留神自己的心思何在（問：「你在看電視嗎？玩電玩？」）。

二、再來，要孩子分門別類。建議他們依照下列項目，輕鬆歸類：

- 滑手機
- 看電視
- 用電腦
- 用平板、電子閱讀器
- 打電玩
- 戶外活動
- 吃或睡
- 其他活動

三、要孩子加總各類活動的時間。如果孩子超過十歲，教他們把資料轉成圖表（直條圖或圓餅圖都好）。這是很棒的數學技巧！成果能讓他們一目了然自己的時間分配。

四、做完數字分析，一起展開討論！談談他們的科技—生活平衡（提問：「你用數位媒體的時間有沒有超出自己預期？還是少於預期？你想做什麼樣的調整嗎？」）。解說科技如何以攫取我們的注意力為目的。孩子得知後的反應會讓你驚異。他們都不願受到操弄，無論對方是父母師長或3C產品。他們想掌握自己的時間，線上線下皆然。最後，要記得不帶批判；把這當作科學探討，而非訓誡之機。一起決定以後他們能如何改善數位飲食。

面對挑戰：遠離3C產品

截至目前，遠離3C產品的用意已昭然若揭。除非孩子（你也是）體驗過二十四小時或七天澈底擺脫3C設備的滋味，他們不會知道或記住自己錯失什麼，不會明白自己其實沒有3C也活得下去。面對這項挑戰，甚至能讓他們（跟你）發現跟盯螢幕無關的有趣事情。什麼都有可能。

一、要孩子嘗試二十四小時不碰任何數位媒體，包括智慧型手機、電腦、平板、電視、電玩遊戲等。目標一整天，不管是在家、學校或朋友家，完完全全不看螢幕一眼。

二、要孩子記下這段期間進行的所有事情。如果他們想不出能做什麼無關盯螢幕的事，叫他們去看之前列出的線下活動清單。也要他們記下這項練習激起的所有困難與契機。

三、展開討論。提出像這樣的問題：這個挑戰很難嗎？還是容易？你最想念什麼？最不想什麼？學到哪些東西？願意再做嘗試？以後會想調整螢幕使用的時間嗎？

就像賽雅尼告訴我的：「我們忘了現在的孩子完全是在數位環境中社會化的，他們非常需要機會去對照線上跟線下的生活，說不定他們還更喜歡後者。當一個大學生說：『嘿，面對面談天比傳簡訊要有意思多了！』十三歲的孩子聽了會想照做，然後十五歲孩子也會。那不是很棒嗎？」[42]

第五章

網路交友與實際社交

所有朋友都在我口袋裡。那感覺很棒。

——七年級學生

「格雷伯小姐，我們碰到麻煩了。」

一個週一早晨我到旅程學校教一班六年級生時，班導劈頭對我說：「週末出了一樁網路霸凌事件。」她告訴我：「希望你等會兒能跟學生們談談。」

「哎呀！」我暗想。依課程安排，那天正要開始一個為期五堂課的單元：「網路霸凌與數位事件」。我本打算藉由一些事件帶孩子認識網路的殘酷，教他們各種自保之道。眼前看來，我是慢了一天。

事情是這樣：班上一個孩子在ＩＧ開了一個「假」帳號。除了「真的」社群媒體帳戶，很多孩子都會另外申請假帳號來任意貼文，不用擔心自己的數位名聲留下污點。「朋友們」——包括線上線下——終究會知道這些假帳號後面是誰，但孩子們照樣想在網路保持匿名。回到這個案例，學生們已曉得那帳號屬於班上某人，而這某人又對另一位同學的貼文做出差勁不妥的回應。

大致了解狀況之後，我深吸一口氣步入教室，面對一群表情嚴肅的學生。他們再度證實了班導所言——有人網路霸凌一位叫做羅莎的女生，而她握有證據。羅莎是個聰明自信、任誰都不想在線上線下隨便霸凌她的女生。她對我說她有採取前幾週我給班上的建議：用截圖拍下證據，交給ＩＧ；又氣憤表示，ＩＧ毫無回應。然後她問我要不要看那呈堂證物。

我渾身緊繃說好，不知眼前將出現什麼畫面。接著我看到：

羅莎真之火🔥🔥🔥

我盡力維持莊重，向全班解釋這則稱羅莎很「惹火」（孩子們說「正」）的貼文，絕非網路霸凌（他們即將學到，網路霸凌有四個要素——在網路上，故意為之，反覆發生，造成傷害）。我再說明，即便羅莎感到受傷，那卻可能不是發文者的本意。此外，ＩＧ不會視此為網路霸凌。它在使用條款有聲明使用者不得「誹謗、追蹤、霸凌、虐待、騷擾、威脅、模仿、威嚇」他人[1]；至於有人就他人的「惹火度」加以評論，ＩＧ不會干預。

這番解釋似乎滿足了大家，我也藉機當作開場，順利展開本日課程——「何謂網路霸凌？」

故事還沒結束。隔週我來到這個班級，有人在門口等我。是個叫喬治的男孩。喬治個頭小、心很大，旁人常得提醒他安靜別亂動。這天他卻顯得自制。「格雷伯小姐，」他壓低聲音說，「我能私下跟你談一下嗎？」離上課還有一段時間，我說沒問題。

「我是那個開假ＩＧ帳號的人。」

他羞愧地望著自己的腳：「是這樣的，我喜歡羅莎，但不敢當面講。」

我再度拚命維持莊重，謝謝他願意跟我分享祕密，但也警告他：同學可能知道那個帳號屬於他，因為「網路上什麼都無法保密太久」。

「我知道。他們早就發現了。」他說，「那實在很蠢。我再也不會了。」

真人真感受

這起事件除了有高度的娛樂價值外，也提供了三個重要教訓：

一、網路霸凌是數位時代的嚴肅課題（本章將深入探討），這名詞卻受到濫用。真正的網路霸凌（記住，那包含在網路上，故意為之，反覆發生，造成傷害），有別於數位事件（不到傷人程度的「惡劣」網路行徑）。以ＩＧ上一張在同學家過夜的合影為例，在沒受邀參加的孩子眼中，這照片可能像在對他尖叫：「你被排擠了！」這孩子（有時甚至連其父母）或許覺得這是網路霸凌，卻不能就此貼上這個標籤。更進一步，若稱那位上傳照片者為霸凌，恐怕並不公平。孩子都會犯錯，標籤卻難撕去。我們得記住，每個孩子都獨一無二，不管網路上的殘酷對待是真還是想像，他的反應純粹屬於他自己。好複雜？絕對是。

二、交朋友從來不是易事。今天這項成長的功課更顯艱鉅，因為他們所處環境欠缺社交線索、臉部表情，或是能適時指引的成人典範。

三、最後，也是最重要的一點，數位孩子的線上活動永遠是解決上述問題的理想時機，不必老套訓誡。

喬治跟我分享他的祕密暗戀那天，我正要教的課程恰巧就叫「真人真感受」。我們在那一小時探討了網路讓人多容易躲在虛擬化身、化名甚至假帳號後面。心理學家稱之為「網路去抑制效應」（online disinhibition），指「鬆懈了（或整個揚棄）當面交流時會有的社交限制與壓抑」。[2]喬治跟同學學到，由於數位媒體排除很多能讓我們察覺對方感受的真實線索與面部表情，我們很容易忘記：每個網路交流的背後都有著真人——與真感受。

很神奇，我的學生們的社群媒體生活常與我那天要講的東西吻合。這種機緣使我們的討論更加深刻難忘。這也能發生在家裡！想當然耳，孩子恐怕不想告訴你他在ＩＧ分享的私密心情，但我打賭他們絕對樂於告訴你他們朋友或同學分享了什麼樣的東西。要訣是，打開談網路關係的溝通之門，隨時大大敞開。

數位關係的風險

社群媒體最讓孩子著迷之處——讓他們得以不分日夜、隨時跟別人往來——也正是最使父母擔憂之處。這種害怕小孩在網路碰到壞人的恐懼，又被充塞媒體有關網路關係危險偏差的故事擴大。以下是我在僅僅一天內讀到的標題：

- 「瑞典男子因誘騙少年於網路鏡頭前進行性行為，遭以『網路強暴』罪名起訴」[3]
- 「十四歲少女傳色情簡訊給暗戀對象，可能遭登記有案為性犯罪者」[4]
- 「麻州薩頓鎮少年自殺引發大眾關注網路霸凌」[5]

- 「有關兒童於線上遭誘姦之報導，四年增加五倍」[6]
- 「家長最關切之健康議題：霸凌，網路霸凌，網路安全」[7]

網路霸凌、色情簡訊、線上誘姦、性勒索、掠奪者等等，這些潛在風險令爸媽想把孩子的手機埋進土裡。可幸的是，這些並非多數孩子上線時所做的事。他們多半在做線下孩子萬古以來做的——與同儕聯繫。

天生的社交動物

一九五九年，知名的發展心理學者艾瑞克森（Erik Erikson）寫道：「青春期……只有在個體把兒時的自我認同置於嶄新的身分之下，才確定完成。而那必須藉著不斷汲取社交體驗，在同齡層相互競爭與學習中達成。」[8]用白話講就是，要成為大人，青少年得跟同伴相互往來。青春期這項重要任務，名為「分離—個體化過程」（separation-individuation）。當十幾歲的孩子開始脫離原生家庭，建構獨特的自我身分，同伴們變得極為重要。「在社交圈裡探索自己，是青少年了解自己歸屬的途徑。」羅特里吉博士說明。[9]

在本書介紹曾見過的羅特里吉是菲爾丁研究院媒體心理學系教授，也是媒體心理學研究中心主任及《正向心理學剖析：快樂與幸福科學》（*Exploring Positive Psychology*）之共同作者。媒體常請她評論科技對心理造成的影響。談到年輕人使用社群媒體，她深信有許多正面效益。「社交聯繫有助青少年的身心發展。」她說。

「我們天生就是社交動物，」羅特里吉解釋，「我們如何與他人互動，在意旁人眼光……都是生物必然性。年輕人一直尋找讓他們與家庭外連結的社交活動。自我形塑是青春期以致成年初期一項重要功課，好讓他們有充分的心理工具脫離舊巢，順利打造屬於自己的人生。」[10]

青春期這項本質大體沒變，但顯然他們要進行此種社交的環境卻已不同。數位媒體輕易地為他們帶來龐大機會，滿足社交上的生物需求，同時也能滿足另三項心理需求：社會比較（social comparison）、自我揭露（self-disclosure）、印象管理（impression management）。

「這些名詞或許會讓父母一驚，各自卻有相當正面的意義，」羅特里吉說明，「社會比較是每個人觀察周遭，對照自己與他人的方式。我們藉此學到社會常規，懂得融入。自我揭露並非僅是過度分享，更是親密關係的核心。透過與友人分享，我們感覺彼此更加親近。最後，印象管理這名詞聽來時髦，講的就是一個人如何管控自己的形象。也許是強化正面特質避談缺點，或是表達與群體的連結。」

而這一切都不是「由社群媒體發明的」，羅特里吉說：「無論在臉書、Snapchat、逛街或上館子，人們生物本能就想去探索周遭的世界。」[11]

這番資訊並非什麼驚人內幕，卻解釋了青少年何以那麼難放下手機，也說明網路社交何以沒那麼可怕——只要用得安全，有所節制。

網路友誼的真實感？

Snapchat, IG, YouTube, Xbox Live, WhatsApp等等，現在青少年的友誼在這些地方滋長。

十個裡面有九個，在線上跟他們真實生活裡的朋友互動；近三分之一更每天如此。而他們也在線上結交新朋友，大約三分之二的人說至少因此認識一人。[12] 此外六成七的青少年說若不能透過科技跟朋友交談，將感到非常孤單。[13]

有關數位連結影響的研究，已開始證實羅特里吉等媒體心理學者長久來的猜測：

- 線上大多時間是用來深化既有朋友間的感情。[14]
- 社群媒體有助青少年了解朋友的感受。[15]
- 社群媒體可減低同儕導致的孤寂感。[16]
- 線下社交生活不理想的青少年，有時可由線上結交朋友，獲得別處難尋的社交支持。[17]
- 愈來愈多研究顯示，社群媒體與自尊提高及社交資本（社交連結帶來的資源）強化有關。[18]
- 媒體與網路相關活動能改善家人關係，比方親子共同觀賞電視及串流節目、打電玩、用教育性應用程式等。互相傳簡訊、使用通信軟體、影音通話，也有助密切聯繫。[19]
- 橫跨埃及、印度、印尼、伊拉克、阿拉伯等各個國家使用行動設備的青少年中，超過九成肯定社群網絡能強化友誼且有助維繫。[20]

「與一般想像相反，」羅特里吉又補充說，「網路友誼並不會取代真實生活裡的關係。對青少年而言，線上線下的社交生活沒什麼太大區別。」[21]

線上遊戲也能強化友誼

現在幾乎沒有青少年不玩電玩。一項涵蓋全美一一〇二位十三到十七歲青少年的調查顯示，九成七都有玩電玩遊戲，男生九成九，女生九成四；種族收入之間差別不大。[22]三成八的青少年在真實生活裡碰到想結交的人，會報上自己的遊戲「暱稱」（孩子們打電玩所採用的名字）。[23]

線上遊戲本質是社群媒體平台，因為青少年常在玩大型多人遊戲時跟新舊朋友互動。眾多玩家相互競爭、彼此合作，在遼闊的虛擬世界中你來我往。

我常聽我的年輕學生談這些遊戲，事實上是不斷聽到。聽他們那麼親暱地描述電玩夥伴，你會以為他們是隔壁鄰居。但我猜，當你的朋友存在你的手機、電腦或遊戲機中，感覺要比實際鄰居還親近吧。

最近有幾個假期，我很好奇少年們最想要什麼「科技」禮物，於是我問了我教的每一班。答案一面倒：耳機，那種「你可以邊打電玩邊跟別人聊天的聲控型」。現在超過七成一的玩家都戴著耳機，好能對話合作面對挑戰。[24]「如果你看孩子們打電玩，他們其實是在玩，」Dubit公司的克里曼說，「他們不光聊遊戲裡的東西；根本與我們跟人電話聊天談得東西差不多。」[25]

孩子跟朋友打電玩學到的有些技巧，有助建立更好的線下人際關係。學者們在「打電玩的好處」（The Benefits of Playing Video Games）研究中說，遊戲使孩子將在此學到的利社會（prosocial）技能，轉化為「遊戲圈外的同儕及家人關係」。[26]另一項研究指出，打多人遊戲的孩子，通常比較正向看待不同文化的人，因為網路遊戲讓他們接觸到各種背景的朋友。[27]

這些正面結論，並不能改變現在孩子花太多時間打電玩的事實，這確實是個問題。二〇一八年初，世界衛生組織最新版的國際疾病分類標準ICD-11（International Classification of Diseases Manual），正式增列「電玩失調症」（gaming disorder）為心理疾病。「電玩失調症的定義是持續或反覆的電玩（「數位電玩」或「影像電玩」）行為模式，線上線下都可能出現，」國際疾病分類標準如此說，「此種模式相當嚴重，以致在各個重要面向造成嚴重障礙，包括個人、家庭、社交、教育、工作等。」[28]

美國以外的一些國家，已將沉迷電玩視為重大公衛課題。南韓政府訂出新法，規定十六歲以下不准於午夜至清晨六點打電玩。在日本，玩家若玩電玩時間過長，會收到一則提醒。中國騰訊（網路加值服務業者第一名）限定兒童上網打他們旗下最夯遊戲的時數。與我對談過的許多家長都以為，美國應當跟進。

也許是基於那次前往紐西蘭同行滑雪板者給我的印象，我不許自己的孩子玩電玩，但當大女兒上高中時，她當家教的一個小五女生讓她見識到——「當個創世神」（Minecraft）。「我不能相信我們小時候你竟然沒讓我們玩這種遊戲！」有天她「家教」之後氣沖沖跑來質詢我，「你知道小孩從這遊戲可以學到多少東西嗎？」我不知道。但我從此曉得，「當個創世神」這個讓孩子自創獨特世界與經驗的遊戲，深受讚揚，被認為能教孩子發展空間推理、解決問題、閱讀寫作、數理技能等等。所以說，孩子玩網路遊戲父母絕對有理由擔心——尤其當他們還小——卻也有其正面意義。與「真實」朋友鞏固友誼即其中之一。為了孩子，我們必須了解此中優點，保護他們免受其害。

網路遊戲之害

有天早晨，朱爾很早就到班上，這十二歲男孩的娃娃臉讓他看上去不足十歲。我問他週末過得如何，他說他幾乎都在玩「俠盜獵車手」（Grand Theft Auto），一個屬於「成熟」分級的動作冒險遊戲，意謂娛樂軟體分級委員會（Entertainment Software Rating Board，譯注：一自律機構，針對於北美市場銷售之電子遊戲和其他娛樂軟體主動進行分級），認為這遊戲適合十七歲以上的「成熟」玩家。在這遊戲中，玩家可扮演三種罪犯之一（並可隨時切換角色），背景是類似洛城等大都市的虛擬版本。根據常識媒體網站對此遊戲的評估（你可在此網站找到幾乎所有網路遊戲的評價，極有幫助），「玩家不僅狙殺同伴，對警方甚或無辜大眾一樣毫不留情，開車用槍預謀犯案，凌虐場面令人怵目驚心。女性角色常是性玩物，還另有脫衣舞遊戲讓玩家恣意撫摸脫衣舞孃身軀，後者上身完全赤裸。」[29]

當時我對此遊戲一無所知，隨口回朱爾一句：「哪天我也來瞧瞧。」他大驚失色，「千萬不要，格雷伯小姐——那裡到處髒話。你絕對受不了的。」

朱爾告訴我，許多玩家隨意爆粗口，因為他們想：「除了其他玩家誰會聽到？」再說，那是角色扮演，你聽過有暴徒在濫殺前會先客氣致歉的嗎？

根據我的小小情報員，線上遊戲各種粗口霸凌常會指向「小尖嗓」（squeakers），也就是最年幼、最天真的入門者。

「沒錯，那天就有個小尖嗓來玩『決勝時刻』（Call of Duty），」羅斯加入談話，另一個十二歲男孩，「大家馬上丟出一堆髒話辱罵他。我可以聽到他低聲哭泣，就教他怎麼關成靜音。」

我讚許羅斯的同理心，卻也抹不去某處某個小孩在電腦前啜泣的畫面。

「那，『決勝時刻』又是什麼？」我問羅斯。

特洛伊這時也加入談話，他是個乾瘦的十三歲男孩。「那是充滿血腥暴力的第一人稱射擊遊戲。我是很久很久以前開始玩這遊戲的。」他告訴我當時他九歲。

「對，那時我就是個小尖嗓，」他說，「我還記得第一次加入時，我一說『嗨』，所有人馬上用粗話霸凌我。接下來一個小時，我就學會我知道的所有髒話。」

那個早上的談話——就跟我前前後後在各校園聽到的一樣——正是許多大人敵視網路遊戲的原因。然而，要小孩不玩遊戲或說服他們放手根本是癡人說夢。比較聰明的做法是知道他們在玩什麼；每有一個第一人稱暴力遊戲，就會有個「做個創世神」。所以請幫孩子找到適合的遊戲，問他們交談對象是什麼人，他們的對話內容。最重要的，留意年齡建議。常識媒體網站，幾乎可找到宇宙任何遊戲的年齡建議和評語。請別讓你的九歲小孩靜坐螢幕前哭泣。

社群媒體：讓使用者創造內容、與人分享、溝通、參與社交連結的任何網站或應用程式。

過多社群媒體會導致憂鬱嗎？

會。不會。有可能。

青少年焦慮及憂鬱逐日上升。至少有許多專家這麼認為。哥倫比亞大學公衛學院及紐約市立大學公衛與衛生政策研究院稱，二〇〇五至二〇一五年間，美國十二歲以上人口的憂鬱症明顯提高，尤以年輕人口為然。[30]特溫吉在著作中提到，始自二〇一二年，全美青少年的自尊、生活滿意度及幸福快樂感一路直墜，而該年正是智慧型手機擁有率在美國超越五成的里程碑。根據龐大的資料庫及歷年來全美涵蓋一千一百萬名受訪者的大規模調查，特溫吉做出頗有力道的結論：智慧型手機是這問題的根源。她從這些資料推斷：

結果再明顯不過：投入螢幕活動時間愈多的青少年，愈可能不快樂；從事非螢幕相關活動的時間愈多者，愈可能感到快樂。無一例外：一切螢幕活動都與不快樂相關；一切非螢幕活動與快樂相關。[31]

這番論述擲地有聲，卻遭某些專家質疑，癥結點在智慧型手機與青少年煩憂的相關性應屬相關（correlational），也就是這些數據無法證明手機該為青少年憂鬱負責。可能還有許多原因，像是憂鬱的孩子就會花更多時間於社群媒體（有些研究也有此發現），或是不受憂鬱困擾的孩子本來就沒那麼沉迷於社群媒體。[32]其他原因也會導致孩子沮喪——像是槍枝暴力、全球暖化、入學申請、整體新聞等。又或者，憂鬱焦慮的診斷更進步，揭露更多。研究青少年與科技使用程度超過十年的哈佛學者們警告：「關於心理衛生與整個世代的福祉之間，並沒有……單一答案可一體適用。」[33]

正如羅特里吉博士指出的，多數研究顯示「社交連結是憂鬱症的解藥，並非成因。」[34]她認為，直接問青少年為何感到憂鬱，還更有意義。於是我就這麼做了。結果一名十三歲的小女生大惑不解地盯著我，不懂我怎麼會問這麼蠢的問題。「我們會沮喪，因為我們是青少年呀。」她實事求是地告訴我。我幾乎還聽到她基於禮貌而忍住的一聲「老姊」。

其他孩子跟我說，跟朋友在網路連結讓他們覺得「馬上沒那麼煩惱了」。「每次我一難過我就去找社群媒體的朋友，」害羞的凱莉說，她十四歲，「那讓我好過很多。」

雖說要忽視特溫吉的論點很難（我試過，相信我），反覆思索又能帶來什麼益處呢？要把手機從孩子生活裡拔除，根本行不通。

好在，上述同樣資訊也顯示出一點：最快樂的青少年，是那些會投入一點時間於電子溝通活動者，並非那些完全沒有投入的人。[35]減少螢幕時間，而非整個拿掉，似乎是打造快樂少年的最佳良方，並且也是比較可行的目標。

童話故事歌蒂拉假設

童話《金髮女孩和三隻熊》（*Goldilocks and the Three Bears*）當中，歌蒂拉在林中散步發現一間屋子，走進看到三碗稀飯。第一碗太燙，第二碗太涼，第三碗剛剛好，所以她吃光光。這則寓言還真適合比喻科技。

學者安德魯．史普利斯基（Andrew Przybylski）與內塔．韋恩斯坦（Netta Weinstein）

推測，青少年該花多少時間使用科技，可能也有個類似的「甜蜜點」。他們的研究指出，螢幕時間可促進青少年的社交連結與技能，從而提高他們的福祉。而這隨著使用時間增加而快樂增強的現象，會到某個點為止。此後，螢幕時間愈多，快樂程度降下滑。

如同歌蒂拉與三隻熊所見，這些學者發現：對青少年而言，某種程度的螢幕時間與心智快樂相關，該程度又隨日子不同而變。在平日，青少年的快樂尖峰大約落在：

- 打電玩一小時四十分鐘。
- 滑手機一小時五十七分鐘。
- 看影片三小時四十一分鐘。
- 打電腦四小時十七分鐘。

到了週末，可比平日多投入二十二分鐘到兩小時十三分鐘，還不致出現不良作用。

學者們也說，不是所有的數位活動效果都一樣。有些能幫助孩子培養生活及社交技巧，進而提升幸福感。他們甚至認為，有些數位活動不會取代有助社會發展的線下活動，反倒是

——留意聽好了——孤獨的閱讀會！[36]

你會擁有太多線上「朋友」嗎？

就網路朋友來說，會有所謂交太多嗎？簡單說，會。據說一般的青少年有三百個線上朋友。[37]我覺得這數字太低。就從我女兒與她們朋友的社群媒體帳號看來，情況完全不是這樣。通常我見到的是從三百個到一千甚至更多。

這麼龐大的關係網，青少年幾乎難以負荷。科學家同意此點。人腦能夠穩定處理的關係量遠遠低於此：一百五十個。[38]

這是英國人類學家羅賓·鄧巴（Robin Dunbar）研究出來的結果。從人腦平均大小來看，他發現人在群體中能有效維繫的關係數是一百五十人。他估計，多於此會超過大腦所能處理。青少年卻得面對那麼多朋友，且往往遠遠多得多。

被問到虛擬社交網絡真能成為很棒的朋友們，或反倒縮小真正的朋友圈，鄧巴沒法作答。「這實在無法預測，」他說，「到目前為止，我們尚未曾見過與臉書之流一同長大成人的整個世代。」[39]

為「讚」而活

假如上傳後五分鐘沒得到一百個讚，我馬上撤下那張照片。

——八年級生

當孩子（或任何人）在社群媒體張貼什麼，等於在跟一大群朋友「說話」，等著（或是希望）透過留言或「讚」收到一堆回應。這些讚——對青少年而言等於肯定——將影響之後他們上傳或撤掉的內容。

對許多青少年來說，管理社群媒體留言變得非常吃力，其中包括追蹤讚。二〇一五年，賓州大學學者發現多數青少年大量上傳照片之後立刻取消——只要沒有及時得到大量的讚[40]。另一個研究發現，青少年直陳讚一定要過某個最低門檻，你在ＩＧ才算是個咖，整體而言門檻數從三十到九十[41]。有意思的事，研究顯示男生平均要在ＩＧ得到五十九個讚才「感到開心」，女生僅需四十五個[42]。

接著這個可能讓你意外——成人在ＩＧ張貼的照片比青少年還多[43]。這令人難以置信的事實就發生在我家。我先生，一位喜歡在ＩＧ張貼美麗相片的攝影師，不只一次被我們正值青春期的女兒責備貼過頭！現在，他試著謹遵女兒耳提面命的「一天一張」。

這種追求同儕認可與讚美的欲望，對青少年（與成人）的快樂產生什麼影響，逐漸受到重視。英國兒童事務委員會（Children's Commission for England）一項研究發現，幼兒收到朋友的讚或留言會感到開心，而到了七年級（初中前期），則開始過度依賴這種肯定[44]。

這正是孩子開始使用能讓他們大量取得讚的時期。有哪些訣竅？據我訪查的小朋友，手法從「對朋友的貼文大量按讚跟留言」到「用對主題標籤」、「標記對的朋友」、「要求朋友對你的貼文按讚留言」，還有這個最重要的——「選對時間貼文」。小朋友說「就在睡前貼文」是拿到很多讚的「完美」時點。

孩子還告訴我，用正當方式「贏得」讚與追隨者非常重要。花錢買追隨者（沒錯，確有其事）以博取更多讚，會讓這個人顯得「絕望」（追隨者是不是買來的，小朋友「絕對看得出來」）。用太多主題標籤也很「瞎」。我女兒告誡我先生，一則貼文配兩個標籤「剛剛好」。社群媒體的最大禁忌呢？就是對自己的照片按讚。那無疑是在社群媒體自殺！

「完美無瑕」的濾鏡人生

許多家長擔心應付社群媒體會讓孩子焦慮，事實證明這種顧慮有其道理。二〇一七年一份涵蓋近一千五百名青少年與青年的調查顯示，IG（以及Snapchat、臉書、推特）跟憂鬱、霸凌、害怕錯失（fear of missing out）等高度相關。以個人相片或自拍（通常經過刻意擺弄姿態或精心修飾）為主的IG，可說是對心理健康及快樂最不利的社群媒體。該研究中一名青少年在問卷答說：「IG很容易讓女生覺得自己的身材不夠好，因為很多人用濾鏡讓自己看來『完美無瑕』[45]」。

根據英國皇家公共衛生協會（United Kingdom's Royal Society for Public Health）所做的心智狀態（#StatusOfMind）調查，「眼見朋友經常度假或晚上在外面玩，會讓年輕人覺得別人在享受人生，自己卻錯過一切。這種感覺會造成一種『比較與絕望』的心態。許多人看著那些精心設計與修飾的照片影片，頓覺自己人生乏善可陳。」[46]

但學者們也看到社群媒體的優點。就自我認同、自我表達、社群建立、情緒支持來說，調查中的五大平台——IG, Snapchat, YouTube、推特、臉書——都得到很正面評價的。YouTube在取得可信資訊方面得分很高，臉書則以其「社團」及「專頁」讓青少年找到同好而深受讚賞，這對不同一般的性別族群及少數族裔——在真實生活很難找到能同聲應和的朋友的兩種人——特別有幫助。

來自「懸崖邊緣」的快樂

兒童怎麼使用與回應社群媒體，年紀影響很大。小小孩是出於「好玩、創造性」的方式

——通常是玩遊戲，而這種無所謂的心態到了初中乍然改變。透過社群媒體跟同儕互動的機率大增，他們的快樂感來到「懸崖邊緣」，英國兒童事務委員會一份研究這麼說。這正是孩子需要「有關數位素養及線上韌性的課程」之時，因為「年幼時有關網路安全的教育付之闕如」。[47]

正中我心！我由衷贊同小孩需要幫忙，來解決複雜的網路社交生活。與中學生討論他們的網路生活，能讓他們得以看到自己一直數讚、挑時間上傳多麼可笑。通常他們能做出獨立判斷，「天哪，花這麼大力氣可能還真不值得。」這種覺醒能持續多久很難說，但我深刻了解這點：除非大人給他們機會，他們不可能自行後退審視的。

我朋友麗姿・雷普欽（Liz Repking）是網路安全諮詢（Cyber Safety Consulting）執行長，經常走訪各校跟小朋友討論數位生活，她自己也有三個孩子。「最讓我動容之處在於，這些孩子在這些方面太需要幫助、知識跟指引。」她說，「他們的渴望實在實在很大，我們得滿足他們的需求。」[48]

雷普欽說得對，孩子需要我們的幫忙，尤其怎麼避開線上交友的巨大風險。接著我們就來看他們最需要協助的兩大塊：色情簡訊，網路霸凌。

犯下重大錯誤

彼得・凱利（Peter Kelley）來幫我推動網路公民之前，是在南加州一所大型公立高中當英文老師。二〇一六年我們開始合作時，他告訴我一個我始終無法忘懷的故事。

凱利那所學校有位叫做凱莉的女生，活潑外向，是啦啦隊員，似乎什麼都一帆風順。應該說，在她犯下一個重大錯誤以前。她跟一個同校男生曾認定彼此，錄下性愛影片。不久後這段感情告吹，不知為了什麼理由，也許根本沒有理由，那個男生把影片傳到朋友圈，朋友又傳給自己的朋友，不斷擴大。凱利告訴我，很快地，「全校沒有人沒看過或聽過那支性愛影片。」[49]

因為這個錯誤，凱莉被踢出啦啦隊，隊裡的朋友不再理她，其他學生也開始對她指指點點，暗中竊笑。兼任學校網球教練的凱利說：「她做盡一切結交朋友重新打入學校生活，甚至想進網球隊，儘管毫無基礎。當然，毫無經驗的人到高中階段幾乎不可能進入校隊，所以她進不來。四處碰壁。」

「我看到這個超級活潑自信的女孩變成一個傷心畏怯的人，」凱利告訴我，「那真令人不忍卒睹。一個錯誤的代價實在很高。」

這個事件促成凱利辭去教職來幫我，而他也說：「我很遺憾沒繼續看到那女孩後來怎樣。」不過在辭職之前，他曾在上課時對一班學生說，若認為初中有數位素養課程會有幫助就舉手。

「每一隻手都舉起來了。」他說。[50]

色情簡訊到底是什麼？

色情簡訊，是透過數位裝置（多數為手機）傳送、讀取、轉發任何淫穢暴露的訊息、照片或影像。就算彼此在交往中，若未滿十八歲，發送這類簡訊在全美多數州都屬違法。

青少年幾乎都不清楚性愛簡訊的確實定義，也不了解後果如何，這點更令人憂心。我每年跟八年級生上這堂課，說到當他們創造、分享自己的暴露影像，就等於是製作、傳播或擁有兒童色情作品時，學生全都不敢置信，甚至震驚。我告訴他們，即便只是收到不請自來的性愛簡訊，他們也會惹上跟傳送一樣的麻煩。你可以從他們的神色看出，他們正暗中計算，在他們成千上百個網路「朋友」當中，有多少曾發送這類簡訊過來。

即便收發這類簡訊的後果如此嚴重，今天大多數學校卻沒有提供這類課程。在我居住的加州，「凡傳播、擁有或製作兒童暴露影像者，將依據本州兒童色情法起訴。若犯行者以成人身分遭定罪，最高可監禁七年，也將以性犯罪之名登記在案。」[51] 在尚未針對青少年傳播色情簡訊訂定專法的州（大多數的州都是），持有兒少色情暴露作品，都按現有兒童色情法規處理。

我希望你跟我一樣覺得那不公平。

安娜是個聰慧的大學生，在我寫這本書時擔任我助理。有一天我問她，中學時期可曾上過任何有關色情簡訊的課。「從來沒有，」她跟我說，「我根本不曉得收到這種簡訊跟傳送是等同視之。我是從派珀那裡才曉得的，當時我大吃一驚！」派珀是我女兒，也是我當網路公民老師的首屆學生，所以得忍受自己媽媽向自己與八年級同學解釋什麼叫色情簡訊。且不談她的尷尬，聽到那番教導有傳出我們的小教室，讓我十分開心。

誰在傳播色情簡訊？

二〇一八年初，《美國醫學會雜誌》（*Journal of the American Medical Association, JAMA*）刊出一篇青少年傳遞色情簡訊的深入研究顯示，四人中有一人曾收到這類簡訊，七人中有一人說自己曾發送過。想想被逮著的嚴重後果，這個數據令人心驚。

主持這項研究的學者們分析了龐大數據——涵蓋之前的三十九項調查，對象共計十一萬人，年齡在十一至十八歲間，男女比例相當。學者發現，近年來有此行為的人數驟增，與現在持有手機的人數有關。而要求對方傳送裸照的也不只僅是男問女。至於收發色情簡訊，性別沒有差異。研究也發現，青少年年紀愈長這種行徑更加明顯，「坐實了一種觀念：青少年收發色情簡訊，或許是性行為及發展中日漸蓬勃、其實很正常的一項因子。」[52]

蜜雪兒．杜魯茵（Michelle Drouin）博士對此不感意外。「我會說，現在色情簡訊是青少年至青年很正常的經歷，」她告訴我，「所以，傳送某種露骨簡訊其實十分常見。那簡訊也許是純文字，也許是照片或影片。我那些剛進成人階段的學生裡面，傳送過這類簡訊者超過半數。而在這個階段前，也有半數以上曾傳過暴露照片。」[53]

杜魯茵博士本身是發展心理學家，在普渡大學韋恩堡分校（Purdue University Fort Wayne）任心理學教授，也是國際知名的演說家，四處奔波講授科技與人際關係，包括社群媒體與色情簡訊。與杜魯茵博士討論這個題目可以很自在，因為她就事論事，認為這是正常青少年之舉。我以為這相當重要。媒體跟相關律法（兒童色情法）有時視之為不法的危險行徑，但當你不再歇斯底里，改從成長的角度觀之，情況整個不同。

「這不是什麼小孩的惡行，」杜魯茵博士解釋，「而是性慾萌芽的完美風暴加上孩子首次擁有自己的科技裝置。此外，這性慾萌芽又發生在前額葉皮質——大腦負責掌控衝動區——尚未成熟之前。要能深思熟慮想到後果，青少年腦部發展還有好一段路要走。所以他們常不經思考就送出這類訊息。」[54]

他們也不會想到自己可能被逮。但那少數不幸落難者，後果可能相當淒慘，就像以下幾例：

- 愛荷華州風暴湖（Storm Lake）學區的七名學生，十五歲到十七歲，因以手機分享裸照訊息面臨犯罪起訴。其中三人遭重罪起訴，另四人起訴罪名為嚴重不法行徑。[55]
- 密西根州一名十七歲足球明星因與十六歲女友互傳裸照，遭以兩項二級性剝削、三項三級剝削罪行起訴。如果定罪，他得坐十年牢並留下性犯罪者案底，待審期間遭足球校隊除名。他的女友選擇認罪協議，被判緩刑一年，不得使用手機，需參加智慧人生抉擇課程，同時得繳交美金兩百元罰鍰。[56]
- 紐約州長島市二十名高中生遭停學五天，只因收到或轉傳一則發到群組的性愛影片。遭罰學生中，有人收到卻沒打開，根本不知道內容。[57]

撰寫此書期間曾有好些專家告訴我，色情簡訊已成他們任教學校最嚴重的問題之一。就算有人不曾做過，也認識或聽說朋友曾以電子設備傳送、被索求、收過猥褻訊息。那跟我聽到的相符。套用我一名學生的話：「到高中，每個人都這樣。」至少每個人都這樣想。

孩子收發色情簡訊的人數應該不會減少，尤其當他們欠缺有關教育，不曉得可能後果。就像傑夫．譚波（Jeff Temple）——《美國醫學會雜誌》那項研究的學者之一——對《華盛頓郵報》（*Washington Post*）說的，「隨著孩子擁有智慧型手機的年齡不斷降低，我們將目睹愈來愈多青少年傳遞色情簡訊。」[58]

別說，立刻刪除

當我一開始教網路公民課，我真不知道怎麼給孩子什麼性愛簡訊的建議。畢竟那跟別的一切網路風險大為不同，不能用以前的告誡：「用螢幕截圖當證據。」很明顯，叫學生把兒童色情圖片存在手機不是個好主意。所幸我找到了答案，並且是學生能聽懂的語言；來源是網路霸凌研究中心（稍後我會對此多作著墨）賈斯丁．派群（Justin Patchin）博士放在部落格的一則貼文。我就節錄片段與師生們分享：

如果你真收到這類（色情簡訊）圖像，很大機會是好友（或男女朋友）傳來的。你可能不想讓對方惹上麻煩，但你也知道傳播這種圖片大概也不會給人生帶來什麼好事。仔細一想，這種行徑非常不妥，道德上有瑕疵，基本上不合法。那你該怎麼辦？多數成人可能建議你「告訴你信賴的大人」。碰到大多數問題時，這個建議大體沒錯，但遇上未成年少女的裸照時，這種做法會使大家遭殃。假如你把這圖片拿給老師看，他或她依法必須報警，否則會被吊銷教師資格或丟掉飯碗。如果老師也不知所措而向同事求救，後果將更嚴重。如果你把你自己那支帶有裸照的手機交給老師，他或她又把那手機秀給其他老師，那麼你的老師（跟你）恐怕都將被以「持有」兒童色情圖片起訴，因為他們都曾握有你的手機。警方通常就是把這類圖片視為色情品——不管傳送者的意圖，或收發人之間屬於何種關係。換言之，倘若是你拍下影片，你大概會被冠上「製作兒童色情作品」之名起訴。如果你是傳送或轉發圖片，起訴之名則是「散播兒童色情作品」。假如你把圖片留在手機裡，可能會遭「持有兒童色情作品」之名起訴。某些情況下，甚至可能會在該州留下性犯罪的案底。[59]

當青少年收到同學全裸或半裸照時，我的建議很簡單：立刻刪除。別告訴任何人。如果此事引起調查，有人問你是否也曾收到，你應該坦承，但你已立刻刪除。必要時，他們可從電信業者調出手機紀錄，搜尋你的手機內容，證實你的確在收到後幾秒就進行刪除。這會是對你最好的情況。有些大人並不苟同這番建議，因為他們希望「知道一切」以便能處理狀況，但我認為這是此刻我能給青少年最安全的建議。

網路霸凌

本章雖然以一則被誤為「網路霸凌」的輕鬆故事開場，大家卻必定要了解，真正的網路霸凌是很嚴肅、有待解決、數位時代的問題。假如你想獲得相關的深入教育——這是家有上網孩子的父母善用光陰的明智作法——強烈建議你上「網路霸凌研究中心」網站（https://cyberbullying.org）；森米爾・亨度賈（Sameer Hinduja）博士與派群博士，於密西根州立大學研究所攻讀網路霸凌時成立的這個網站，提供非常豐富可靠的研究，及如何預防、回應的種種資訊。

亨度賈如此定義網路霸凌：「經由電腦、手機等電子裝置，恣意並反覆造成傷害」，與我教學生的四個指標相符[60]：在網路上、故意為之、反覆發生、造成傷害。至於這問題多麼普及，亨度賈說根據他們抽查全美十二到十七歲青少年所做的調查：

- 七成三的學生反映自己就學以來曾遭受霸凌（四成四發生於近三十天）。
- 三成四的學生反映自己有生以來曾遭受霸凌（一成七發生於近三十天）。

我每一年都會請受過霸凌的學生舉手，會看到約半數舉起。接著我問他們是否知道有人曾遭霸凌，此時每個孩子都舉手。每一個。

從任何層面而言，有這麼多孩子遭遇或目睹過霸凌實在令人心驚。根據亨度賈的研究，近四分之三的孩子在學校受到現場霸凌——這是有學校以來便存在的問題——這項事實已經夠糟，再看到新科技掀起一股全新的殘酷現象：網路霸凌，且每三個孩子便有一人碰過，我們實在不能不覺醒。此外，往往是同一批孩子忍受著線上線下的雙重霸凌；網路霸凌研究中心一項研究發現，網路霸凌的受害者當中，百分之四十二點四也遭到線下霸凌。

而我們也要點出，儘管很多孩子在線上碰過殘忍之事，很多孩子也在那兒碰過良善之事。皮尤研究中心一份報告發現：「六成九使用社群媒體的青少年認為，在其中，多數同儕都彼此善待。」[61]再次證明，孩子的數位生活令人困惑，相當複雜。

我們不能因為這項正面數據掉以輕心。遭受霸凌的孩子眼中的悲憤，沒有文字足以形容。我們必須解決這個問題。

逃開暗黑勢力

雖然面對面的霸凌仍比網路霸凌普遍不少，後者某些特性卻使它更為可怕：

一、網路沒有刪除鍵。只要上線，受害者就難以逃開這個暗黑勢力。儘管試著封鎖對方或從自己的設備刪掉證據，其他孩子也可能有看到、儲存、轉傳。

二、時時存在。面對面的霸凌可以逃開，孩子回家後卻仍躲不過網路霸凌。且多數孩子一天二十四小時，每週七天隨身攜帶自己的3C產品。

三、眾目睽睽。霸凌發生在網路時，所有人都看得見。

最後一點——網路霸凌眾目所睹——卻也能幫助受害者！試想每個小「旁觀者」（目睹網路殘酷行徑者），能學會當個「仗義者」（對網路殘酷行徑採取行動）將會怎樣。淵遠流長，有機會終結網路霸凌。教孩子如何當個仗義者，請參考本章末節的練習。

每個孩子都是獨一無二

遭受殘酷對待的孩子——霸凌目標——會如何反應，我們不得而知。有些孩子韌性很強，有些禁不起一絲惡意。當我寫下這些時，網路上遍布孩子結束自己性命的悲劇：

- 佛州巴拿馬城海灘市（Panama City Beach）十二歲的凱碧歐拉·葛林（Gabriella Green），飽受班上兩位十二歲同學網路霸凌後自盡。[62]

- 十歲的阿尚蒂．戴維斯（Ashawnty David）在自己與另一名女孩打架的影片被上傳至社群媒體Musicsal.ly後，上吊離世。[63]
- 佛州雷克蘭市（Lakeland）十二歲女孩黎貝卡．賽奇薇克（Rebecca Sedwick），遭兩名青少年網路霸凌後墜樓自殺，對方分別為十二歲及十四歲。[64]

這些悲劇除了同樣令人心碎，還具備一樣共通性：這些標靶最多十二歲——技術上過於年輕、根本不該擁有社群媒體帳號、不該現身這最易發生霸凌環境的孩子。尊重社群媒體規定的最低年齡限制，似乎是明顯、簡單的解決之道，至少足以減低網路暴行。實在令人唏噓。

我就此請教埃莉絲（Ross Ellis），她是「打擊霸凌」（STOMP Out Bullying）的創辦人暨執行長，充滿熱情。「打擊霸凌」是全美首屈一指，致力防堵霸凌、網路霸凌等一切殘酷之舉的非營利機構。他們的網站也是你一定要運用的資源（https://www.stompoutbullying.org），當中除了有關這些暴行的豐富資訊，更提供即時線上協助熱線（HelpChat），由受過訓練的專家協助青少年解決網路霸凌困境。

「每次聽到家長只因孩子說『別人都有』就讓小孩開社群媒體帳號，或給一支裡面什麼應用程式都有的昂貴手機，卻不教他們負責的數位公民意識，不去保障他們的安全，我就覺得難以置信，」埃莉絲跟我說，「我們一定要及早跟孩子討論網路霸凌這件事。現在的小孩，七歲就已經知道自殺是怎麼回事。」[65]

爸媽的首要之務？

除了留心年齡限制和教導責任感之外，爸媽還能做什麼以保護孩子不受網路霸凌？「首先也是最重要的，父母要確保孩子感到安全。」亨度賈說。很令人遺憾，「遭網路霸凌的孩子中，近三分之二（百分之六十四）說那嚴重影響他們在學校的學習能力與安全感。」[66]爸媽要做孩子的靠山；必須撥出時間與孩子談話，專心聆聽。孩子碰上這種事，爸媽一定要通知校方。

爸媽也可協助孩子搜證（作法請見本章末節），幫孩子把證據交給適當對象——校方，社群媒體平台，遊戲網站，應用服務供應商，或任何有關單位。

最後，爸媽應詢問校方是否有教孩子認識霸凌及預防的課程，內容如何。每個學校都必須致力於此。

當掠奪者想藉網路跟孩子往來

二〇一六年末，我開始針對一新款應用程式Musical.ly訪查父母。這個二〇一四年由一家上海公司推出的程式（現在名為「抖音」（TikTok））幾乎一夜之間得到兩千萬人註冊，包含許多小孩——非常年輕的小孩[67]；他們超愛這款程式，這讓他們能製作短片，在當中跟著流行歌曲對嘴唱跳。就像卡拉OK結合YouTube。上傳後，螢幕眾人紛紛獻上紅心。你怎能不愛？

根據社群媒體廣告總監蓋瑞．范納恰（Gary Vaynerchuck）說：「我會說，Snapchat跟IG的使用者年齡有點偏低，」他繼續說：「至於Musicsal.ly，我們談的是小學一、二、三年級。」[68]

家長們也這樣說。當他們說到小孩拚命要求下載這個軟體，強調那「只是一個音樂應用程式」，都顯得憂心忡忡。一位媽媽告訴我：「起先我想，『無傷吧？』結果發現我女兒有兩千兩百個追隨者。太恐怖了，我想刪掉她的帳號卻發現辦不到。」

這個程式的社交本質鼓勵使用者——很多年紀太小而不懂——公開分享個人隱密資料。當我下載這個軟體，它不斷追問我的年齡、電話號碼、聯絡人、電子郵件等等。它也讓使用者與陌生人連結，為對方表演，而有時這些陌生人身分根本不是他們所聲稱的。

舉個例子：澳洲一位母親讓九歲女兒莉莉下載了Musicsal.ly。莉莉超崇拜美國青少女舞蹈明星喬喬．西瓦（JoJo Siwa），西瓦因實境節目《舞蹈媽媽》（*Dance Moms*）一炮而紅。可以想見，當莉莉收到所謂西瓦傳來的訊息，簡直歡喜若狂。

這讓她媽媽很擔心。她假裝莉莉，回答這位「喬喬」問她在幹嘛、身上穿著什麼的訊息。當她說她在臥房穿著睡衣跳舞時，「喬喬」要她上傳「一絲不掛，展現身材」的影片。

莉莉的母親繼續假扮莉莉，說她那樣恐怕會惹麻煩，「喬喬」回應：「傳了馬上刪除呀，傻瓜。」

在這令人煩惱的交談後，莉莉的媽媽聯絡莉莉朋友的媽媽，發現那個小女孩也得到「喬喬」的留言。她得到的訊息是，要她上傳一則脫掉內衣的影片。

莉莉媽媽向澳洲聯邦警察報了案，警方告訴她，掠奪者常用不實名人身分在網上接近小孩。僅僅一年內，聯邦警察便收到涉及九千件以上剝削兒童的報案，包括網路誘姦。[69]

網路公民時間

展開「對話」（關於色情簡訊）

儘管令人不自在，但你一定要跟孩子討論色情簡訊。如果你認為孩子太小不宜談這話題，那他們絕對也小到不該持有能拍照的連線設備。這兒提供幾個談話重點：

- **定義色情簡訊**。別假設孩子知道那是什麼。告訴他們，那是用手機或網路傳送、讀取或轉傳性暴露或性暗示的圖片、訊息、影片。別被他們問「什麼叫性暗示」嚇到。告訴他們，傳遞這類兒少不雅圖像之舉，在美國許多州都算犯罪。以下這些例子有助孩子明白哪些作為可能算是「色情簡訊」：

全裸或幾近全裸的自拍

展示裸體或性行為的影片

提出性要求或談及性行為的文字簡訊

- **置之不理，不可要求**。告訴孩子，若有人向他們索取暴露影片，就說不。教他們不管在任何情況，也絕對不能跟別人提出這類要求。
- **立刻刪除**。告訴孩子，若有人傳來暴露圖像，立刻刪除。無論在什麼情況，絕對不可與他人分享這類圖像，不管有多想。
- **說出來**。告訴孩子，若知道或聽說某人的暴露圖像遭流傳，馬上說出來。首先是告訴圖像中的主角。對方一定希望有人會告訴他們的，對吧？
- **想按送出鍵以前，想清楚**。及早跟孩子耳提面命：一旦透過電子裝置送出任何圖文，那就永遠脫離掌控，永遠無法收回，會在該看到的主角之外到處亂竄。

- **分享警世故事**。透過警世情節最能深化這些教育，網路上很容易找到。搜尋「色情簡訊」跟「高中」，就能看到一大堆令人遺憾的故事，從中挑選適合孩子的。別說教。儘量這樣提問：「你對這故事作何感想？」「如果是你，你會怎麼做？」

培養善念

防堵網路霸凌最有效之道，就是防患於未然。培養同理心正使得上力。

這個簡單活動是第二章某個練習的延伸：「說故事」。就算孩子將脫離小學邁入下個階段，他們仍喜歡聽動人的故事，從中也可學到比無聊說教更多的東西。旅程學校的網路霸凌防治課程就是以故事為主，主人翁包括英雄、高尚之人、楷模典範、真實生活裡挺身而出的仗義之士。亨度賈說他跟派群也是故事迷，因為它們「能培養孩子的同理心，讓他們對自己在網路上的行為會導致什麼傷害感同身受。」[70]他們且建議這些書籍：《大耳朵超人》（*El Deafo*）、《奇蹟》（*Wonder*）、《同樣的太陽》（*Same Sun Here*）、《再見木瓜樹》（*Inside out & Back Again*）、埃利・維瑟爾的《夜》（*Night*）、《紅色羊齒草的故鄉》（*Where the Red Fern Grows*）、《聽見顏色的女孩》（*Out of My Mind*）。

也可善用常識媒體的評比系統，尋找適合你孩子的書籍與其他媒體：https://www.commonsense-media.org/reviews

發現網路霸凌？請這麼做

很多學生告訴我，當他們在網路遭到欺負或發現有人被不當對待時，他們不知道該怎麼辦。

這是不可容許的，尤其使用社群媒體的青少年中有八成八曾在此目睹欺凌行徑[71]；更別提這些人當中，又有九成說他們選擇忽視，超過三成的人還經常如此。[72]

試想每個孩子知道自己或朋友遭網路霸凌時該如何自處，而且身體力行。步驟很簡單：存證，封鎖，談論：

一、**存證**：用螢幕截圖留下證據。確保孩子會用這項功能拍下有害訊息存起來。如果你也不知道怎麼做，可搜尋「如何用（3C產品名稱）拍螢幕截圖」。透過截圖，孩子可將任何無情留言存為證據，交給可信賴的大人，或呈報給事件發生的社群媒體網站。

二、**封鎖**：告訴孩子，他們不用受制於網路暴行，這類行為很容易阻擋。亨度賈分享了寶貴建議：上網時碰到騷擾，兒童可藉著封鎖與呈報來掌控自己的線上經歷。所有主要的社群媒體網站跟線上多人遊戲都內建此項功能，孩子們無須勉強跟惡人互動。對於那些破壞他們上網經驗的人，他們大可取消關注或刪除好友。有時這麼做很難——即便對成人而言——但我們不得不然。[73]

三、**談論**：鼓勵孩子若上網碰到任何不愉快的事，要跟他們信賴的大人講。但願你是那位大人！即使不是，鼓勵孩子去找老師、教練、親友。此外，叫孩子主動聯繫事發所在的社群媒體網站、遊戲平台或服務提供業者；它們多半有明確規定，嚴禁一切暴行。網路霸凌研究中心有不斷更新聯絡資訊：https://cyberbullying/org/report。如果孩子不覺得能跟任何大人談這問題，讓他們知道：「打擊霸凌」有為十三到二十四歲的年輕人提供求救熱線，不僅免費且絕對保密（http://www.stompoutbullying.org/information-and-resources/

helpchat-line/）；遭受霸凌或有自殺念頭的孩子，可在此得到訓練有素的志工幫助。截至目前，這個熱線已幫五百萬名以上學生解決霸凌及網路霸凌問題，拯救了六千多條生命。「是的，我們幫了許多孩子，」埃莉絲說，「但那還是不夠。我深知只要上網，就會看到我沒救到的孩子。」[74]

挺身仗義！

最近拜訪一所中學，我問那些學生是否明白「仗義者」的意思。也許是害羞，沒人作答。經過一段漫長尷尬的中斷，後方一個男生舉起手，「聽起來有點像我媽常講的：『要出手幫忙。』」「好棒的定義呀。」我心想！

這裡有三種讓孩子輕鬆「出手幫忙」的途徑：

一、**予以撫慰**：告訴孩子，無須挺身面對網路施暴者，也可以當仗義者。無論線上線下，要孩子與惡人對峙都很難，這沒有關係。告訴他們，只要給受害者支持、好言撫慰，可能就是對方所需要的！

二、**呈報事件**：告訴孩子，不必是受害者本身才能呈報。他們可以拍下截圖，告訴所信賴的大人或事發所在的社群媒體。

三、**挺身仗義**：但要包容。有些孩子確實有跟網路施暴者對峙的勇氣。我要對這些孩子說：「以仁治暴。」教孩子不要降低自己的格局，要試著送出關心或包容的訊息。喜劇演員莎拉．席佛曼（Sarah Silverman）這樣答覆一位網路酸民時就做得很棒：「你的憤怒底下是潛藏的痛……試試以愛作為出口。」想像一下充滿這種仁慈關懷的網路世界。那就是挺身仗義！

第六章

個人隱私與個資保密

臉書改變了何謂隱私，何謂孩童，何謂「人類商品」（human product）：如字面所指，你若不曾付費，你便不是顧客，而是一項商品。

——喬納森・塔普林（Jonathan Taplin）
《快速行動，打破成規》（*Move Fast And Break Things*）[1]

我每年都會跟七年級班玩個遊戲。不依原先課表走，我會做個特殊聲明：「校長剛請了一間研究公司來幫他進行改革，好讓學校更符合你們的需求。這公司的人會到校一週，期間將搜集你們的個人資訊，像是你們的姓名、年齡、住址。他們也會四處尾隨，追蹤你的習慣，包括你到了哪裡（像是洗手間、餐廳、遊樂區）、你在那兒待了多久、跟誰一起，基本上就是你整天所做的每件事情。」

你大概也猜到了，這遊戲的目的是讓孩子了解，每次他們上網下載程式也好，或玩遊戲、填個表、瀏覽某個頁面、買東西，做任何事情，他們的個人資訊跟所有習慣都會被搜集，有時完全沒先告知或經過他們同意。這個讓學生了解「個人資訊與網路隱私」概念的妙招，我是從常識媒體的數位公民課程學來的，他們在線上有免費提供。成效卓著，屢試不爽。

你可以想像，這些十二、三歲的孩子聽到我那番聲明時的憤慨，激烈抗議那嚴重侵犯他們的隱私。這時我已做好準備，發給每人一張紙，請他們寫信給校長表達憂心。對許多學生，這還是他們這輩子第一次寫信！他們寫下的東西相當惹人注目：

「對我而言，這侵犯隱私，有如跟蹤。」

「所謂『個人資訊』是有道理的。假如我們給出去，就不再屬於『個人』了。」

「我不想當個白老鼠，而且我媽媽說，不能把個人資訊給陌生人。」

「誰會四處跟著你追蹤你一舉一動？這有點恐怖。我再說清楚一點：這非常恐怖！」

「您知道，沒問過小孩的法定監護人而搜集他們個人資訊是非法的。」

「我想知道他們要拿這些資訊做什麼。」

「我強烈主張兒童有獲得安全的權利。」

「這些人沒有權力知道我的習慣或個人資訊。」

「沒經過我媽同意我不會答應。」

「絕不。太可怕了。」

這些在網路下載軟體時根本沒想到隱私或父母同意的孩子，此刻變得如此激烈，你不覺得很教人驚異？接著，在我解釋並沒有所謂研究人員要來，但每當他們上網，一切個資、慣性都像被住在他們手機裡的研究人員搜集中，他們目瞪口呆。然後我把他們寫的東西唸給他們聽。

那真是教化時刻。如同一位七年級男生說的：「哇喔，嚇死人了。」

現實比小說更怪異

小孩若知道事實就是如此，他們那幼小心靈真會嚇破。薛爾，你在第三章遇見的律師，在他的部落格〈薛爾談社群媒體法律與科技〉（*Shear on Social Media Law & Tech*）中，貼了一篇文章，解釋網路如何搜集學童個資：

中小學與第三方商家搜集的資訊型態及數量令人震驚。舉例而言，有些小學發放的識別卡晶片內含射頻識別技術（radio-frequency identification），會追蹤小朋友上洗手間的時間、次數、在裡面待了多久，到飲水機幾回，及其他所有在校日常活動。有的學校利用掌上型生物識別器掃描小朋友的手或指尖，追蹤他們在食堂的一切行為。這一切累積的資料，對大學、企業、保險公司、資料仲介、網路罪犯、外國政府等，都是蜜罐[2]。

兩個小孩在念小學的薛爾說，今天的學生有大量資訊不斷被搜集。「學校使用免費的應用程式，而這些程式搜集到的個人資訊被賣出，根本就是當著家長的面這麼做。」薛爾說[3]。當《教育週刊》（*Education Week*）就這課題訪問他，他告訴他們：「我小時候上圖書館，常借出各類亂七八糟的書籍，那些資訊不會被儲存在雲端被運算分析或賣給第三方賣廣告的。我們的孩子也該享有這種自由。」[4]

但他們沒有。拜科技如此方便之賜，今天的學生不時洩漏個資，卻不十分了解可能的後果。許多七、八年級生參加PSAT模擬考，這是SAT標準會考的前哨戰；由美國大學理事會（College Board）舉辦、絕大多數準備升大學的高中生必過的一關。大學理事會由此得到的個資包括姓名、年級、性別、生日、學生證號碼或社會安全碼、種族／族裔、入伍資料、家裡地址、電子郵件、行動電話、成績平均積點、拿過什麼科目、父母教育程度。雖然並非強制學生提供這些資料（大學理事會，祝你們明年順利從我已然非常警覺的學生們手底，拿到這些資訊！），多數孩子卻都乖乖照辦。大學理事會拿這些敏感資料做什麼呢？《華盛頓郵報》刊出雪莉・齊賽克（Cheri Kiesecker）的來信，她是科羅拉多州一位家長，也是「維護學生隱私家長聯盟」（Parent Coalition for Student Privacy）的成員：

大學理事會對家長及學生聲明的隱私政策聲稱，他們不會販售學生個資，他們賣的是讀取學生個資的權利。兩者有何差別？老實說，似乎只是語意之別吧。[5]

想想當今學校可用的十幾個免費教育服務及軟體——可能還成千上百個。比方說，最受歡迎之一的谷歌「教育G套裝」（G Suite for Education，前身是Google Apps for Education），為學校量身打造的線上學習管理系統。它將谷歌教室（Google Classroom，免費的網路服務，讓師生輕鬆分享預習及作業）和其他免費的谷歌產品加以整合，包括Gmail、行事曆、谷歌文字編輯、谷歌試算表、谷歌簡報。它讓老師無論在維持效率、舉行小考、分享資訊、跟學生溝通上都非常容易——最棒的是，完全免費！誰能責怪一所缺錢的學校或老師充分利用這種現成好處？現在教育G套裝的積極使用者超過七千萬人。所以也難怪，二〇一六年谷歌公開承認，它「就某些商業目的，搜集、挖掘使用谷歌教育軟體之學生的龐大個資，進而改良谷歌搜尋引擎與其他產品」。[6]搜集學生資料的不只是應用程式；校方使用的筆記型電腦、平板、桌上型電腦，當中的軟體也都會搜集個資——從出生日期到搜尋歷史。

谷歌也透過旗下別種服務追蹤使用者，像是YouTube。二〇一八年初，二十個壓力團體向聯邦貿易委員會（Federal Trade Commission, FTC）提出申訴，指控YouTube一直在搜集不滿十三歲兒童的資料。YouTube辯稱它在服務條款有聲明，該網站不適合未滿十三歲者。這教人很難置信，因為它提供的「卡通、童謠影片、各種深受歡迎的玩具開箱短片」獲得數百萬瀏覽人次[7]。

無論在學校裡或外，孩童把個資交給他們使用的一切對象：應用程式、遊戲、網站等。「這一切資料會如何被使用，恐怕始料未及，」薛爾說，「我們必須教育孩子了解，當他們用那所謂『免費』數位產品及服務時，自己的個資究竟會怎樣。」[8]

教導孩子認識個資及安全——上

相較於網路對孩子潛藏的危害，個資挖掘似乎沒那麼令家長擔憂，但實情不然。二〇一五年家庭網路安全機構（Family Online Safety Institute, FOSI）一份報告顯示，多數家長相信科技對孩子的生活是有正面效益，但仍憂心孩子的個人安全跟隱私。FOSI發現，爸媽對孩子隱私的焦慮，甚於課業表現、人際關係、身體健康、科技使用、舉止言行[9]。

隱私不僅對家長很重要，「對孩子也非常重要。」香娜・雷芙（Shauna Leff）說。雷芙是PRIVO公司——專為企業解決隱私問題——的行銷副總。「孩子從念中學起，隱私就變得非常重要，」她告訴我，「網路生活有如臥室。他們想要也期望在當中獲得隱私。」

據雷芙說，孩子們還想要別的。「他們想要密切參與；想要個人化。想使用免費網站，例如YouTube。」她解釋，「但試想一下：谷歌從中得到什麼？孩子們必須明白，線上的一切都不可能免費。凡事都必須付出代價。」[10]

那個代價，就是他們的個資。

認識「免費」的代價

當孩子開始使用上網裝置，了解到他們的個資是很有價值的商品，恐怕是最重要的一堂課。我試著透過各種活動讓這觀念深入學生腦中，像是本章前面那個「聲明」遊戲。活動包括要學生仔細閱讀各主要網站的隱私與服務條款，如：Snapchat、IG等；在此之前先上基本詞彙，教他們認識那些小字的意思——個人資訊、cookies、第三方、授權、使用者原創內容、位置資訊、登錄檔資訊、營利等等。

不少大人也不大了解這些名詞，即便他們經常在下載軟體與服務到自己手機、電腦時，經常瞥見這些字眼並表示同意。

常見隱私規定條款

- **個人資訊**：包括你的姓名、住址、電子郵件、電話、年齡等。
- **Cookies**：由某些網站置放在你機件內的小型檔，讓該網站得以「記住」你的資訊。
- **第三方**：「方」是某人或單位的法律名稱。某個「第三方」，是你與之建立同意條款外的某人或單位。
- **授權**：正式許可對方進行、使用或擁有某樣東西。
- **使用者原創內容**：包括文字、圖像、影片、聲音檔、迷因，或任何你上傳的東西。

- **位置資訊**：有關設備使用者所在位置的資訊。網站或應用程式可藉由蜂巢式網路、WiFi、衛星定位、藍芽等定位。
- **登錄檔資訊**：登錄檔記錄某行動設備產生的事件，可能包括搜尋紀錄、該設備使用情形、當機狀況、硬體設定、瀏覽器類型等等。
- **營利化**：賺錢流程。

你會以為學生們會對要讀這些無聊至極、冗長乏味的政策怨聲載道。實際上，他們積極熱情，並常為眼前所見大感震驚。我有些學生發現Snap公司的服務條款藏著這條：「我們提供的許多服務，能讓你創造、上傳、張貼、傳送、讀取及儲存原創內容。你這麼做之時，即擁有該內容之擁有權；但**你也同時授權給我們使用該內容**。授權範圍，取決於你所使用的設備與你選擇的設定。」[11]（重點為作者所加）

粗體部分抓住孩子的注意了。「Snap」是Snapchat的簡稱，孩子們很愛用這款應用程式，因為你上傳的內容被對方看完後理論上會「消失」。當然，大多數孩子知道，朋友也許會截圖儲存或用到別處，但很少人想到Snapchat會使用他們的貼文。再仔細看下去，學生們又發現：任何上傳至該軟體的內容，「你即授權Snap Inc.與我們的子公司，可持有、儲存、使用、展示、再製、變更、改寫、編輯、出版、傳播該內容，且此授權屬全球性、無版稅、可再授權、可轉讓。」[12]

此外，學生們還學到，如果他們的「Snapchat即時動態」設定為「任何人」都能看，那麼故事內容則都歸類為「公開內容」，也就是說：

> 此時你予我們的授權更加廣泛。除卻前段所言，你也將永久授權我們對該公開內容創製衍生產品、加以推廣、展覽、宣傳、整合、轉讓授權、公開演出、公開展示，形式不拘，可於任何媒體平台或傳播手法（未知或日後所研發）。若有必要，當你出現、創造、上傳、張貼或傳送公開內容，你即無限制、全球性、永久地授權Snap Inc.、我們的子公司及我們的企業夥伴，**使用你的姓名、雷同性、聲音，包括有關之商業或贊助內容**。[13]（重點為作者所加）

你可能得把這些摘錄讀好幾遍才知道它在說什麼。我的學生很快就搞懂了。他們發現，即使在這所謂對方閱後上傳內容「會消失」的應用程式，所有他們分享的一切個資與內容，根本不會消失。

第三方問他們在想什麼

這些課上了幾週後，全國廣播公司（NBC）的《今天》（*Today Show*）節目製作人找上我，問說能否送拍攝小組來旅程學校。他們正在製作有關孩子與科技的系列，希望把我們也放進去。當我把這令人驚喜的消息告訴七年級班，他們不相信我。經過那次「特別聲明」，我在班上的信譽已經毀了！

然而過了幾個禮拜，一個新聞團隊果真來到學校，當NBC記者雅各·撒伯洛夫（Jacob Soboroff）問五個學生他們從網路公民課學到什麼，學生們沒浪費半分鐘。「我們在學隱私規章跟同意條款。」一名叫尼可拉斯的聰明男生回答。我很驚訝學生們那麼爭先恐後地，告訴撒伯洛夫他們學到的那些無聊法條術語。我想他也很驚訝，尤其當他們說，這些發現實在「讓他們覺得恐怖」，他們決定要刪掉一些應用程式。

「你們一定有些不在本校、沒上過這堂課的朋友，他們會閱讀社群媒體這些同意條款嗎？」撒伯洛夫問。

「不會。」[14]孩子們笑著回答。

再被問到他們是不是比朋友們更了解這些應用程式，那五個學生的腦袋如打鼓似地上下晃，「絕對是啦，」一個學生說，「我不敢相信多數小朋友知道的那麼少。」

認識個資等於明智抉擇

NBC播出這集的那天，臉書的祖克柏（Mark Zuckerberg）也終於打破沉默，坦承他的社交平台與「劍橋分析」（Cambridge Analytica）間的隱私醜聞；後者搜集使用臉書幾千萬名用戶的個資，進行選民分析。當《紐約時報》及《衛報》爆出這則內幕，臉書股價應聲下跌百分之七（順道點出，那等於重摔三百七十億美元）。更慘的是，隨著#停用臉書（#DeleteFacebook）的標籤在網上掀起風潮，很多人考慮刪除臉書帳號。事態嚴重。但假如你深究這起事件，你不禁要想：如果當初臉書用戶對自己心甘情願給這社群媒體的個資會被怎麼懂得多一些，或至少想要了解，結果是否就不一樣。情況是這樣：「一位名叫亞歷山大·科根（Aleksandr Kogan）的學者，為臉書研發一款性格測驗應用程式……約二十七萬人從臉書帳戶下載了科根這項程式。而就像彼時臉書任何研發者，科根得以任意擷取用戶或**其朋友**的資料。」[15]（重點為作者所加）

這起事件遠不止於此，一個明顯事實是：那些個資洩漏的用戶大概沒有好好閱讀臉書的隱私政策、沒懂得自己可選擇不做那項測驗或知道如何設定個人隱私。那都是數位時代公民們的基本生存技能，此點日趨明顯。

所以我們必須教孩子「免費」有其代價——他們的個資。而更重要的一點是，他們應該知道，自己能夠也應該決定：要在網路分享多少個資。

謹慎分享，明哲保身

即便有此認知，孩子仍想在網路分享個人資料。「我們活在臉書時代，大家無不急著分享一切，自己的每個時刻。」雷芙說，「那沒關係，很棒——假如那是他們的選擇。但每個人都該能選擇要分享什麼，以及相對換得什麼。」[16]

我自己就常常清楚地以個資換取一些很棒的服務。我分享我在Spotify（音樂應用程式）的聆聽史，相對地，它則回饋根據我的資料、認為我會喜歡、為我量身打造的「每日精選」。**Strava**，追蹤我騎單車紀錄的運動程式，希望我分享我的年紀，我坦然答應（即便實際生活中我一點也不樂於答應）；相對它把我的表現與其他同齡同好相比，於是我無須承受被十九歲「1馬赫競速手」大敗的羞辱。完全值得。

就像任何公平交易，雙方都該充分明瞭交換條件，即便一方是個你決定大到可以玩「機器磚塊」（Roblox）或「當個創世神」（Minecraft）的九歲小孩。當孩子下載或申請玩遊戲、使用應用程式、音樂或其他服務，就必然會被要求分享個資。多數小孩就會分享自己的個資，或是你的。沒錯，當小孩拿爸媽的設備來用，很多小孩都這麼做，存在裡面的密碼、電子郵件、信用卡號、生日、地址、聯絡人等等，往往就被孩子一指分享出去。

現在你是否全神貫注了？很好。幫助孩子了解要保護個人資訊、謹慎分享，太重要了。

而這只是他們認識隱私與個資的起步而已。為什麼？因為不了解下一節，將置我們的民主於風險。

教孩子認識隱私與個資——下

早在網路萌芽之初，不過也短短二十五年前左右，很多人相信這個神奇的新平台將造福人類，因為它將給所有人——不論種族、年齡、性別、社會階級、政黨色彩——發聲機會。這個「新廣場」，很多人如此稱之，將結合全新想法、不同觀點、突破作法——未經過濾、不曾修改——讓世界變得更好。

二〇〇一年，法律學者凱斯．桑斯坦（Cass Sunstein）——後來成為歐巴馬總統白宮資訊及管制事務辦公室（Office of Information and Regulatory Affairs）主任——闡述這樣的網路將造福民主：

人們應置身自己無從選擇的各種事情——未經安排，無從預期的遭遇，及民主本身的核心。這類遭遇常涉及人們未主動尋找的課題及觀點，對其或許相當反感。這很重要的理由之一是：能消弭分裂與極端主義，那是人們只跟同溫層往來時可預見的後果。[17]

網路這個理想版本並未全然實現。事實上，基於上集探討的商業模式（網路擷取個人資訊，還以個人化的免費體驗），人類還落入一個與樂觀者預期大相逕庭的局面。現在，我們擁有一個很大程度代我們決定我們要什麼、喜歡什麼的網路。

聽來似乎言過其實，但請再想想。幾乎每個網路經驗背後的複雜運算，都根據我們交出的資料追蹤我們的喜好及行為。那些資料不僅包括我們乖乖給出的個資，也包括我們的搜尋、購物、瀏覽習慣，這也算是個資。再想想這個：網路分析它大口吞下的資訊的本領愈來愈強，它知道我們的喜好欲望，有時甚至超越我們。舉例來說，你有沒有上網找過一雙新鞋？賓果——現在鞋子廣告可能會在你走訪的網站蹦出。你曾在臉書分享一篇左傾的新聞？那說明你為何讀到愈來愈多的《赫芬頓郵報》（*Huffington Post*）和《瓊斯母親》（*Mother*

Jones），福斯新聞（Fox News）與《旗幟週刊》（*The Weekly Standard*）則愈來愈少。

歡迎來到「過濾泡沫」（filter bubbles）與「回聲室效應」（echo chambers）的世界。你已抵達個人資訊最最重要的部分。

救命啊！我陷在過濾泡沫裡了！

「前進」（MoveOn.org，譯注：公共政策促進倡議組織）前執行長伊萊・帕理澤（Eli Pariser），在二〇一一年一場令人動容的 TED Talk 中，率先提出「過濾泡沫」一詞。「你的過濾泡沫，是你住在網路，屬於你個人的獨特宇宙。那裡面有什麼，取決於你是誰，你做了什麼。」[18]帕里澤又警告道，「假如我們不加以留意，那將會是嚴重問題。」[19]

谷歌極善於過濾泡沫這回事。每當你用它的搜尋引擎，「谷歌會研究五十七個線索——從你在使用的電腦主機到瀏覽器到你所在位置——再客製化屬於你的答案。」

谷歌仔細分析你之前的搜尋，加上其他許多資料，決定出它認為你在找或你可能喜歡的，然後——登愣！眼前是你要的答案了。你可能根本不知道谷歌會幫你過濾。為了說明這點，這裡有個我讓學生在家裡做的練習：挑個字詞，有點爭議性的議題通常效果最好（例如：伊朗、氣候變遷、美國總統）；找五位家人或朋友，分別用他們的設備——移動式或桌上型——也上谷歌搜尋同樣的東西，然後比較結果。你應該會發現每人設備出現的都不一樣，是根據各人客製化後的結果（留意出現的廣告也是）[20]。

為什麼這會影響到現在的小孩？因為年輕人原該努力找出本我，自己喜歡什麼，相信什麼。如果能置身各種不同的觀念資訊中，這項任務應該比較能順利完成。若谷歌、臉書、IG或其他網站憑個資及搜尋史餵給他們個人化的資訊流，借用我學生的話：「那真是太恐怖了。」

帕里澤講的比較深思熟慮：「我們必須確保他們（網路服務提供商）也讓我們看到我們不想看到的、有挑戰性的、真正重要的……我們非常需要網路成為我們夢想它是的那個樣子。我們需要它把人們連結在一起。我們需要它讓我們接觸到新的想法、不同的人、不一樣的觀點。而當它把每個人隔絕在各自的小宇宙，那是不可能發生的。」[21]

演算法決定你的視線

當谷歌與臉書拚命挖掘用戶資訊來提供個人化體驗而遭詬病，這個現象卻正瀰漫整個網路。Netflix與YouTube就我們的觀看經驗把後續影片排好在那裡；如果你剛看完《婚禮終結者》（*Wedding Crashers*），Netflix八成會給你《四十處男》（*The 40-Year-Old Virgin*）而不是《美國隊長3：英雄內戰》（*Captain America: Civil War*）。亞馬遜這麼做早已行之有年，始於書籍；時至今日，這家網路最大零售商仍依據我們最近的搜尋或購物經驗，給出各式商品的個人建議。

是的，多數青少年還沒（大量）使用臉書或在亞馬遜購物，但有觀看Netflix及YouTube。他們也用ＩＧ，那是臉書旗下一員；二〇一七年一項調查顯示，美國十三到十七歲的青少年中，使用該社群網站者達七成六。[22] ＩＧ採用許多跟臉書一樣成功的個人化技術。二〇一六年它宣稱：「為了提升您的體驗，您的動態將以我們相信最適合您的時序呈現。您動態照片與影片的出現，將依據您可能最感興趣的內容、您與上傳者的關係、貼文的即時性排序。」[23]

除非你剛好是我的學生且被規定閱讀這個聲明，你大概根本不曾加以留意。簡單說，IG決定跟隨母公司臉書的腳步，依據某些因素來重新排列貼文，這些因素包括貼文被分享過的時間點、與上傳貼文者的關係如何、用戶是否會對該貼文感興趣。從這類資訊中，IG自行決定一個少年用戶該看到什麼。

憑我從青少年那裡聽到的種種抱怨，他們一點也不願意讓演算法代他們做決定，就像他們不樂於讓媽媽決定該穿什麼上學。但我聽到的這些孩子，正學著該留意網路哪些東西。在他們之外，有數百萬名學童從沒學過為什麼個資會被搜集、怎麼被搜集、演算法又是怎麼回事。如果他們不知道或不了解當中究竟，當然也就根本不會在意。

愈來愈多科技人對過濾泡沫感到憂心，微軟的蓋茲是其中之一。他告訴「石英財經網」（Quartz）記者，是有辦法解決的：「教育正足以抵制過濾泡沫……因為那能讓所有人站在『知識的共同基石』上。」[24]

就眼前來說，網路讓每個人能被聽見的機會，或許凌駕過濾泡沫的負面影響，但我們一定要讓孩子理解過濾泡沫的究竟，以及更重要的，如何不受其框限。若說這關乎民主存亡似乎有點誇張，但想想若不予以正視，長期會衍生何種後果。如果孩子任憑網路決定，只截取那麼點狹隘的資訊，無視其外各種不同的想法及世界觀？依我看，那實在不是這麼強大驚人的資源的善用之道。

青少年弔詭的隱私習性

二月一個明朗早上，我探訪洛城一所中小學時遇到十四歲的安蒂。我是去那裡為中學班與小學班講課，但下午則花點時間跟九年級相處。我打算跟他們談談網路隱私，但這些學生完全不想聽不該在網路張貼什麼。他們早就「聽過一堆教訓了。」他們告訴我。他們真正想談的是，在網路應該分享什麼。他們拋出一堆問題：

- 我需要一個領英帳戶才好找工作嗎？
- 我有參加私人足球俱樂部，希望將來大學招生委員能看到我的表現。我該製作影片嗎？時間該多長？該放在哪些網站？

- 我在課外有幫小朋友上課。如果把他們的照片上傳，會侵犯到他們的隱私嗎？
- 我有參加很多演出。你認為我該把影片放到YouTube嗎？我是不是該有自己的視頻？

他們的提問與討論的熱烈讓我印象深刻。那一個小時幾乎不夠。

課後安蒂留下來，過來自我介紹。身材嬌小、一頭烏黑長髮的她，是剛才少數幾個完全沒作聲的孩子之一。而當我們開始閒聊，她活潑的個性展露無遺。她甚至問說能否讓我看她的ＩＧ，我說好，她便驕傲地展示她有三千八百名追隨者的帳戶，並告訴我她的故事：

> 大約一年前我媽媽有個朋友開始做服飾生意，以青少年T恤、泳衣之類為主。因為才剛開始，她沒錢請模特兒，便問我媽能不能讓我當模特兒。我媽問我，我說好，於是我就開始在我的ＩＧ帳號貼一些照片，很快學校有人發現，想追隨我。

安蒂告訴我這大大激勵了她的自尊。有些線上朋友很快成為線下朋友，她說那「讓我在學校變得沒那麼害羞。」

「我覺得你剛剛談說在網路張貼正面事物是很棒的，」安蒂說，「大人往往只跟我們強調社群媒體不好，小孩聽了照樣傳些不好的東西，但會貼在私人或假帳號。大人忘了，要我們不用社群媒體根本不可能。」

開車回家的路上我思索安蒂的話。今天的孩子，要滿足在線上展現自己的需要（與渴望），同時保留某種程度的隱私，這是多麼不易的平衡呀。想拿捏精準，需要相當的智慧。

分享還是不分享？

二〇一五年一項研究青少年與網路隱私的全面調查顯示，青少年「比起面對第三方及大數據／資訊環境中的隱私權，他們更在意社交隱私。」[25]學者認為這是因為青少年「不曾了解資訊上傳後怎樣了」。我則以為是因為缺乏教育。弔詭的是，根據這份研究，青少年雖很在意社交隱私，卻仍在社群媒體大量分享個資。他們分享真實姓名（百分之九十二），自己的照片（百分之九十一），興趣（百分之八十四），生日（百分之八十二），學校名稱及居住縣市（百分之七十一）。同時間，他們又大費周章刻意不讓某些對象知道這些隱私，兼用非科技手法（假造身分帳號）與科技手法（選擇隱私設定）。他們也採取某些創新辦法來維護線上隱私，尤其為了躲避父母監控；像是移到新網站，運用文化典故（cultural references）、俚語及表情符號讓貼文暗藏密碼。

青少年隱私習性是門矛盾的學問。一方面，他們似乎毫無保留地分享過多資訊，另一方面，他們又想方設法地遮遮掩掩，用些辦法讓想一探究竟的大人完全無從理解。而就像每種新的數位行為，你會有什麼看法，全看你是哪個世代。

一個很好的例子是「自拍」。萬一你過去十年活在岩石洞裡不知道，所謂自拍就是用手機為自己拍照。大人常擔心孩子自拍太多，實際上或意義上都上傳太多資訊，孩子們卻完全不這麼認為。對於片刻不離手機的孩子而言，自拍實屬日常。怎麼不是呢？分享自我形象絕非新鮮事，當年還是精緻藝術呢。林布蘭這麼做，莫內這麼做，梵谷這麼做（他在一八八六至一八八九年間畫了三十多幅自畫像）。墨西哥畫家芙烈達．卡蘿，一生創作五十五幅自畫像，常以她歷經的悲劇為主題。當人問她何以那麼常畫自己，她說：「因為我是我最了解的主題。」[26]

科技不過簡化了自我揭露這種歷來的行為。「以前只有有錢人才有辦法僱請達文西或人像攝影師幫他們留下肖像，」羅特里吉博士說，「但有了手機，可以免費上傳到臉書或IG，便完全解放了肖像製作這回事。」[27]

我敢打賭，如果梵谷這種人活在今天，他絕對也會自拍，尤其如果他重回青少年時期，陷在想弄清自己是誰、如何向世界呈現自己的苦惱裡。還有什麼比自拍更能記錄這段經歷？「自拍讓人能主宰自我形象，」羅特里吉說，「我想，人在記錄自我的成長與經歷，探索身分認同，深入思索本身，自拍扮演很重要的角色。這個層面來說，自拍非常正面。」[28]

然而，大部分的父母擔心，確實也有理由如此，自拍放上網路會揭露太多個資，說不定會破壞孩子的數位名聲或置他們於險境，但孩子不做此想。那就是我想講的重點。

從孩子玫瑰色的視角看去，數位活動似乎充滿無邊可能與承諾，父母看去則鮮少那麼瑰麗。這情形適用在我們討論過的所有議題——名聲，螢幕使用時間，人際關係，隱私。這每個題目——保障孩子在數位世界安全無虞的四塊穩固基石——都很複雜，有時令人困惑。我們要一一給予孩子對話與教育。

偶爾，他們也需要我們透過他們的視鏡來看數位世界！

網路公民時間

虛擬陌生人危險

世上所有孩子都學過現實裡的「陌生人危險」，至於虛擬的陌生人危險呢？孩子在網路上會碰見比現實中多上許多的陌生人。我碰到的學生只代表整個世界的一小部分，你卻難以相信，其中有多少人告訴我他們被網路陌生人要過個人資料。更令人不安的是，有那麼多人說，他們的朋友毫無防備就把這類資訊給了對方。

當你給孩子連線裝置時，一定要跟他們分享有關個資的嚴格規定。把它們貼在冰箱上、手提電腦、桌上電腦或孩子額頭上……只要有用的任何地方。

一、告訴孩子，沒得到你明確的同意，絕對絕對不能跟網路上的陌生人分享以下資訊（他們自己或別人的）：

- 完整姓名
- 家裡地址
- 電子郵件地址
- 手機號碼
- 學校名稱
- 目前所在位置
- 接下來可能去哪裡
- 密碼
- 照片

等孩子大些，他們會開始自行判斷分享是否安全；在那之前，一定要讓他們理解並遵照你的規定。

二、告訴孩子，絕對絕對不能與網路陌生人來往。跟他們解釋，在網路上，每天都是萬聖節。人們躲在螢幕的面具後面，藏住真正的身分。儘管多數人很好，有些卻不然。等孩子大些，將能開始判斷是否該與線上生人來往，但在那時刻來臨前，一定要讓他們遵守你的規定。

三、告訴孩子，絕對絕對不能跟網路碰見的人約在實際生活裡碰面。孩子要能正確判斷能否鬆動這條規矩前，可能還有很長一條路。要能時常討論他們的朋友關係，無論線上線下。

完美密碼

密碼是保護我們線上個資的第一條防線。儘管網路上有很多程式能幫孩子製作並記住密碼，教導孩子怎麼做很重要，那讓他們體會到有安全密碼的重要性，而且過程好玩。

一、教孩子選定好密碼的七條守則。一個好密碼應該：

- 至少包含八個位元。

- 同時包含大小寫字母，符號，數字。
- 絕對不要有個人資訊（如：生日或身分證字號）。
- 絕對不要有親友或寵物名字。
- 絕對不要有連續排序，像是abcde或12345。
- 絕對不要有字典上的字（除非某個字母改成符號）。
- 經常更換——至少半年一次。

二、跟孩子解釋什麼叫「助記提示」（mnemonic）。簡單說，就是幫助保存資訊的記憶法。

三、要孩子想想最喜歡的明星、運動員、音樂人或歷史人物（叫他們絕對別告訴你）。這是屬於他們的助記提示。

四、教孩子如何用助記提示做出好密碼。舉個例子：告訴孩子你的助記提示是Taylor Swift（對我很好用），而你最喜歡她的一首歌是〈We Are Never Ever Getting Back Together〉。以每個字的字首開始設計密碼（WANEGBT）。再把它改成大小寫交替（WaNeGbT）。因為你要加入號碼或符號，把最後一個字，「together」，改為「2gether」。最後，因為你得再加一個位元以符合最低長度，泰勒絲又似乎很強調絕不回頭，所以就在尾巴加個驚嘆號。你的密碼就出來了：WaNeGb2!

五、要孩子照樣設計出他們自己的好密碼。他們做好時，你試著根據密碼猜猜他們的註記提示人物。你自己再做另一個密碼，然後要孩子猜猜你的提示主角，或是猜兄弟姊妹、朋友們密碼的提示主角。這個練習我在班上做過很多次，孩子的精彩表現總讓我驚嘆。此外，他們永遠不會忘記怎麼打造並記住個好密碼！

說服我！

這個活動得感謝一個學生，她跟我說當她想下載任何應用程式時，她爸爸就要她先仔細做好研究，再用PowerPoint做簡報說服他。「太棒了！」我心想。我太愛這個點子了，就把它簡化讓你好在家裡進行。

一、好，你的孩子（至少得滿十三歲）想下載Snapchat。請他們先研究這個應用程式。這很簡單；用谷歌就可查到Snapchat的隱私政策與服務條款。

二、要孩子準備向你做相關簡報。不必用微軟的PowerPoint。剛好可趁機任他們學習使用網路上各種免費的簡報工具。Prezi是我最喜歡的其中一個。給孩子下面這些題目，作為他們的準備方向：

- 這個應用程式的用戶最低年齡？
- 它要求哪些個人資訊？
- 你提供了個資，相對得到什麼？
- 你會在這個程式上面分享原創內容嗎？如果會，誰將擁有這個內容？
- 它會跟第三方分享你的資訊嗎？如果會，怎麼分享？
- 它會追蹤你的所在位置嗎？
- 它對用戶的行為有什麼要求？有呈報惡劣行為的途徑嗎？
- 這應用程式上會出現不良廣告嗎？它會透過其他什麼方式獲利？
- 它提供哪些隱私設定？

如果這似乎對你的孩子太沉重了點，請想想未來幾年，他們將花費多少工夫在這上面。要貼文、策劃、上傳照片，都要時間。標記、留言、按讚、讀取別人貼文，也都要時間。假如孩子沒時間研究這個應用程式，那他們當然不會有時間去使用它！

我的自拍

如果說一張照片勝過萬語千言，那一張自拍呢？這是今天很重要卻難以回答的題目，因為青少年經由分享自拍，毫無防備地暴露自己大筆資訊。跟孩子一起探索這個現象，了解哪些個資可以在線上分享，哪些不行。

一、要孩子告訴你自拍是什麼。他們可能知道那是「一個人拍他自己的照片」，但你再問：你認為自拍的目的是什麼？你多常自拍上傳？你覺得自拍為什麼這麼受歡迎？告訴孩子，二〇一二年，《時代》雜誌把「自拍」一詞列入當年度十大時髦詞語；二〇一三年被收入牛津英文詞典[29]。孩子可能會懾服於你豐富的知識！

二、問孩子可曾透過陌生人的自拍來評斷那人。要他們舉例。

三、告訴孩子，自拍很好玩，但務必想到那些影像釋放出什麼訊息。討論其中可能帶出哪些個資（他們的自拍會告訴別人他們人在何處嗎？住在哪兒？或家裡沒有別人？）他們如何分享自拍、分享對象，都是重要的討論題目。

四、跟孩子說明，早在自拍出現很久之前，包括梵谷、林布蘭等知名藝術家就以自畫像來分享自我形象。

五、這個好玩。谷歌一下這些藝術家，看看他們的自畫像。問孩子，這些藝術家試圖傳遞什麼。看他們能從這些圖片，識別藝術家哪些部分。

六、不妨帶孩子走走當地美術館或博物館，進行上述活動。那可能激發出孩子對曾去過的館院全然不同於以往的視角！

第三部

善用影響力

第七章

假新聞與獨立思考

只要人們存在一天，就會有誤傳及假新聞；它們存在的歷史就跟語言一樣長。仰賴演算法及自動操作終將導致各式我們不樂見的後果。除非人們有足夠的媒體素養和思辨能力，錯誤訊息必將四處遠播。

——蘇・索尼雅・赫琳（Su Sonia Herring）[1]

幾年前，萊里到旅程學校參訪我上課。當時她剛開始一項計畫，需要搜集一些學生資料。雖然她很技巧地以有趣的數位素養活動為名，我那些學生卻一眼看穿她另有目的。他們可沒乖乖配合，而是向她轟出一堆問題：是誰想出你這些課程？誰會看見我們的答案？有人付錢讓你做這些事嗎？是誰？我們為什麼要免費幫你？

我雖有些抱歉學生這樣拷打可憐的萊里，卻也為他們動用日益強壯的媒體素養肌肉感到驕傲。有媒體素養的人，懂得質問所收到的訊息。老實說，我覺得萊里也很樂在其中。多年來她一直在推動媒體素養，目前擔任國家媒體素養教育學會（National Association of Media Literacy Education, NAMLE）理事長。她比誰都知道，學生具備批判性的媒體素養能力有多重要。

「那天我走時想著，『他們這樣真是太好了！』」萊里說，「我們不希望孩子只會說好，配合我們要求的每件事情。我們希望他們能嚴格審視所有訊息。我們希望他們具備媒體素養。」[2]

媒體素養是什麼？

「我們對媒體素養的定義是：面對各式傳播訊息，懂得讀取、分析、創造、評估、行動的能力；也就是一般素養更廣泛的定義。」國家媒體素養教育學會執行董事蜜雪兒・喜勒・莉普肯（Michelle Ciulla Lipkin）說[3]。在她的領導下，該組織已成為美國這方面的領頭羊，思想領袖與重要資源。喜勒・莉普肯渾身是勁，不用五分鐘就可讓你相信：媒體素養恐怕是你孩子上學該學到的第一要務。

儘管我也有著莉普肯對媒體素養的熱忱——網路公民課最後階段全都在講這個——我卻認為那冗長、學術性的定義，完全無法抓住當下的迫切性。媒體經由手機、電視、電腦、智慧型手錶、遊戲機等等進逼孩子，我們必須教他們理解這些，做出行動。除非大家充分肯定媒體素養的重要性，否則再怎麼強調也無濟於事。數學、英文、歷史、科學仍是學校的主要科目——尤其中學；想想他們所學有多少能用在網路，不免令人啼笑皆非。要做個有影響力的網路成員，你一定要有媒體素養。

有一天我帶領一班八年級生上媒體素養，想著這件事。他們正學著如何區分真假網站。很不簡單的功課。然後我聽到兩個女孩交談。

「我不明白為什麼我們一週只有一堂網路公民，卻每天都上代數，」其中一個說，「我用到這些東西的機會多太多了。」

我無意貶低用平方、立方根解題的重要性，卻也同意這個女孩所說的：她將來碰上網站的機率可能遠高於代數方程式。而多數學校、父母卻不這麼認為，至少在二〇一六年以前；那年的假新聞讓媒體素養更讓人失望。

充斥假新聞

二〇一六年，牛津辭典把「後真相」（post-truth）選為年度詞彙，將它定義為「訴諸情感及個人信念比客觀事實更能影響民意」。[4]該詞彙首度出現於一九九二年，到二〇一六年卻暴增兩千個百分點，主要基於兩個事件——英國脫歐及美國總統大選。混亂的政治氛圍，加上多數人是從社群媒體看到新聞——困在自己私人的過濾泡沫——促使各種無中生有的情事和陰謀論充斥版面，亦即所謂「假新聞」。想必你很熟悉這個名詞。

我問喜勒．莉普肯，假新聞是否終於為媒體素養創造出時機。

「沒錯，假新聞確實讓大家聚焦這個話題，」她跟我說，「忽然間，『我們該如何理解資訊？』『我們要怎麼辨別訊息？』變成非常重要的公共議題。可以說，假新聞的討論，對媒體素養的興起非常非常重要。」

但她也警告，這股風潮有其負面。「這太狹隘了。我們不能只探討什麼是真什麼是假，因為資訊多半在兩者之間。現存大部分的資訊都是觀念。所以我們必須釐清所謂觀念與意圖。」

這也正是媒體素養教的事。那麼你會認為，這門課就是對付「假新聞」——當今最大問題之一——的良方。並不然。

「我最大的挫折，就是大家提出的辦法幾乎都不在教育層面。他們都在討論『怎樣讓社群媒體網站判斷假新聞，即時加以阻止？』或『如何設計出一種能辨別網站好壞的應用程式？』用在教育體系，才是那些款項的正確方向。」[5]

媒體素養的教育時機

與其等錢流進設立這門課，有更積極的辦法幫孩子走入媒體世界。媒體提供了無數的教育時機，你可以充分把握。假新聞固然不好，卻是教育媒體素養的利器。幾乎不費吹灰之力，你就能找到引人入勝的假新聞故事，就像我告訴學生的這個：

在前南斯拉夫馬其頓共和國（former Yugoslav Republic of Macedonia）一個叫維列斯（Veles）的小鎮，寥寥四萬五千個居民中，有些精通網路的青少年與年輕人。接近二〇一六年美國總統大選前幾個月內，這些年輕人發現一招快速發財的好辦法：散播假新聞，到美國。他們絲毫不在意我們的大選結果，他們只關心錢。在一個平均年薪為四千八百美元的小鎮，隨便轉傳一下美國新聞就能賺到幾千美元，這種誘惑實在太大。因此維列斯這些年輕人就利用我們既有且完全合法的社群媒體跟獲利廣告機制，而大多數的美國人並沒比他們聰明。

這些有生意頭腦的馬其頓年輕人，先上網架設一個煞有介事的美國新聞網（WordPress即可免費製作），再取個相當美式的名稱。當中最受歡迎的包括：「世界政治」（WorldPoliticus.com）、「川普視野365」（TrumpVision365.com）、「今日美國保守派」（USConservativeToday.com）、「美國每日政論」（USADailyPolitics.com）。然後他們開始找新聞。他們主要找對川普有利的報導，因為他們從嘗試中發現，這類新聞要比左傾報導受歡迎。故事真假沒關係——且其中大多都是假的。真正的關鍵只有一個：是否足夠聳動。他們複製這些故事，安上令人側目的標題像是「教宗方濟各禁止天主教徒投給希拉蕊」，貼到自己網站。

由於美國成人有三分之二的新聞來源是社群媒體，尤其臉書，馬其頓這些年輕人就選定這裡來分享[6]。他們付費選定理想的讀者。這很容易，臉書有提供便宜的受眾瞄準工具；要不就直接上傳到臉書右傾的用戶群。當這些用戶看到聳動標題，以為是合法新聞，打開閱讀，按讚，分享出去；收到的用戶也如法炮製。流量回到原始網站，這些年輕人就靠這樣賺錢。他們的網頁放著谷歌廣告（Google AdSense），收入由此而來。很多網站都靠這廣告收入獲利。愈多人點擊這些廣告，這些馬其頓孩子就拿愈多錢。

到某個時間點，美國新聞機構確認有一百四十多個這類網站設在維列斯。當初想出這種辦法的一名十七歲青年告訴「BuzzFeed News」：「我弄這網站是因為容易賺錢。馬其頓的經濟太差，又不准青少年工作，我們只好自己想辦法賺錢。我是搞音樂的，但買不起樂器。在馬其頓，一個小小網站帶來的收入足以讓你負擔很多東西。」[7]

我還記得曾在臉書看過這些馬其頓年輕人製造出來的一些標題，像下面這些寶貝：

「頭條：歐巴馬出生肯亞證據出現——川普果然無誤！」

「蜜雪兒砲轟川普，拉什（Rush）揭祕其不堪過往。」

「快報：歐巴馬非法轉移司法部款項至柯林頓陣營！」

BuzzFeed News分析發現，二〇一六年大選前那段期間，臉書前二十大假新聞比二十大真實新聞更引人矚目——也就是說，它們贏得更多分享、回應及留言[8]。馬其頓這些年輕人散播的假新聞不僅聲稱教宗挺川普，還說副總統彭斯（Mike Pence）說蜜雪兒是「我見過最粗俗的第一夫人」，這則被揭穿的報導在「看似真實的假新聞網站」仍能找到[9]。臉書這類貼文取得數百萬個分享、回應、留言，導致龐大流量回到假網站，為網主帶來可觀收入。臉書那些不曾起疑、照單全收的用戶則是輸家。

當我跟學生講完這則故事，全班一片靜默，對這群聒噪的孩子來說十分罕見。終於有個女孩打破魔咒，「哇喔，」她說，「那要比我們賣麵包募款容易多了。」

我希望她是在開玩笑。

批判性思考不可或缺

要解決鄉民被假新聞誤導還分享，唯一有效辦法就是教導下一代具備思辨能力。這是我們必須努力的課題，而且要快，因為目前的孩子審視網路資訊的能力沒比大人好。

二〇一六年史丹佛大學教育研究所（Stanford Graduate School of Education），就年輕人能否有效評估網路得來的資訊展開調查，結論只有一字：「慘」。這項涵蓋十二個州的初中至大學學生、探討其「公民網路論述」（civic online reasoning）能力的研究發現，「這代『數位原民』或許能在縱橫臉書、推特之際同時上傳自拍到ＩＧ並傳訊給朋友，但在評估社群媒體流竄的資訊方面，他們很容易受矇騙。」[10]

以下是這項調查的摘要：

- 超過八成的中學生，無法辨別標榜為「贊助文」的付費故事與真實故事。
- 看到網路一張說是福島核災造成「先天缺陷」的雛菊照，多數高中生不會質疑照片的真實性或來源。

- 高中生分不出兩則貼文的差別，一則來自真正的福斯新聞，另一則來自看似福斯新聞的帳號。
- 看到倡議自由組織MoveOn.org發出的一則推文，大學生看不出其中偏頗。
- 多數史丹佛大學的學生無法分辨主流新聞來源（美國小兒科學會，AAP）與邊緣新聞來源（自AAP分裂而出的ACPeds）。

從初中到大學，這項調查涵蓋的學生，在評估網路資訊可信度上展現的無能，令人難以置信。

你開始看出媒體素養教育之必要了嗎？

教導媒體素養

很久以前，當我們在旅程學校實施網路公民教育一年後，佛特斯校長跟我對成果都感到沾沾自喜。不良的網路行為、網路霸凌、甚至網上種種小題大作幾乎都消聲匿跡。此外，我們獲頒「橘郡科技聯盟」（Orange County Tech Alliance）與「明日計畫」（Project Tomorrow）兩個獎項，肯定我們的「教育發明」。我們幾乎要讚美自己，準備收工了。

到了學年尾聲，這股自我滿足卻被一個名叫傑麥的男孩澆了冷水。人緣極好的傑麥聲稱：「在這年學到這麼多以後，我決定金盆洗手，再也不碰手機、網路。根本就不值得。」

「哎喲，」我心想，「這可不是我想看到的結果！」我很愛科技跟它帶來的種種好處，也希望學生能有同感。

那讓我們看見我們有必要把課程延長到三年。孩子們已學會安全、明智地使用科技，此時該談真正重要的題目了：資訊素養（如何尋找、擷取、分析、運用網路資訊）與媒體素養（如你稍早所見）。我們不能給學生一點基礎就棄他們於不顧。那就好像給他們看過一級方程式賽車的照片，把鑰匙丟給他們，要他們橫越美洲大陸。掌握了「數位公民教育」，他們顯然已做好準備——也必須——學習如何將科技發揮到極致。這是數位素養這塊蛋糕上的真正糖霜，他們穩固架構頂上的巍峨板塊。

學會如何明智使用科技之後，還有太多重要課程——而多數學校及家長就停在這裡——兩年課程很難囊括。孩子得學到，使用谷歌搜尋不表示第一個結果就能用。他們要學會怎麼輸入有效的搜尋詞彙，用有意義的關鍵字，分析結果，辨別廣告與真實。他們得明白維基百科如何運作，懂得善用；什麼叫版權，怎麼避免剽竊，使用創用CC（Creative Commons），跳出過濾泡沫，援引網路來源。還有很多很多。

但或許最重要的一課，是學會辨識垃圾（crap）。

偵測網路垃圾

如果你熟悉中學階段的孩子，你就知道他們多愛扯上糞便的事（想想那些屁笑話）。所以我喜歡講，我要教他們垃圾。全班馬上正襟危坐。屢試不爽。

「垃圾偵測」，我是從網路文化專家霍華德．瑞格德（Howard Rheingold）的著作《聰明使用網路手冊》（*Net Smart: How to Thrive Online*）學到的。瑞格德非常聰明，有點古怪，身兼作家、記者、編輯、趨勢觀察家，寫過多本有關數位文化的撼人著作。讀過他那本出版於二〇〇二年的《高竿暴民：下一波社會革命》（*Smart Mobs*）後，我成為他的鐵粉。我幾乎一口氣嗑完那本書，一邊懷疑自己是不是錯拿了科幻小說。當時的瑞格德以不可思議的細節，描述我們如今置身的社會與科技，從可穿戴科技到行動電話無所不談，說那將像是人們生活的「遙控器」。[11]而那時距智慧型手錶或iPhone問世還很遠。

在《聰明使用網路手冊》這本可說是數位時代指南的書中，瑞格德表示，當今必須具備的一項「數位技能」是「垃圾偵測」。他給「垃圾」下的定義是：「由漠視、無效溝通或刻意欺瞞所污染的訊息」。[12]在他看來，「學習做個能審視網路資訊的使用者，不是什麼火箭科學，甚至也不是代數。學會基本的網路可信度測試，比學會乘法表還簡單。就像學每件事情，最難在把自己『認真動腦』的贅肉給鍛練強壯。」[13]

我幫助鍛練學生偵測垃圾的肌肉。利用垃圾的四個字母（C.R.A.P.）引導發想，會是評估網路資訊的難忘工具。這帶出四組問題，每當你上網看到可疑事物就可拿來自問。網路可找到這四個字母衍生的各種版本，我的版本如下：

Currency（普及性）

- 這資訊有多普及？
- 它最近一次被上傳是何時？有更新嗎？

Reliability（可信度）

- 這資訊有多可信？
- 作者有提供參考或來源嗎？
- 你有什麼證據說這資訊可靠？

Author（作者）

- 這資訊的作者是誰？她的資歷背景？
- 誰出版或贊助這項資訊？資訊來源聲譽良好嗎？

Purpose / Point of view（目的／觀點）

- 這資訊的目的何在？是告知、娛樂還是說服？
- 這資訊聽來像是事實或意見？有偏差嗎？
- 作者意圖向你灌輸什麼嗎？

我個人相當仰賴這個垃圾測試。就像多數人，我很容易被重口味的標題吸引，但如果有點可疑，我就藉此測試（請記住，網路誤傳訊息不分黨派，兩個政黨都有很多例子）。以下是一則案例：

某日我滑著臉書，一個朋友的貼文抓住我的視線。標題這麼寫：「驚人內幕：歐巴馬政府積極破壞槍枝背景檢查系統」。我好奇地點進去，發現原文來自一個叫做「保守論壇」（Conservative Tribune）[14]的網站。網站跟文章普及度還好，可信度卻似乎不高；標題充斥著一些點擊誘餌式的文字像是「邪惡」、「吸睛」、「蒙羞」。我查詢作者，他那玩笑式的自傳與少少幾個推特跟隨者（我查時只有三個）讓我懷疑他不是真的記者。於是我到媒體偏頗／

事實查核（Media Bias / Fact Check）查詢這個網站。「媒體偏頗／事實查核」是一個媒體偏頗來源網——網路上很多——自稱是「致力教育大眾識破媒體偏頗及欺騙之新聞資訊」的獨立單位。我看到保守論壇是個「可疑來源」，會「不時呈現以下內容：極端偏頗，公開鼓吹，資訊來源少有可信來源，不然即是假新聞」[15]。我還發現這網站「從不進行事實查核，並鼓吹暴力對付美國人及穆斯林」等等。[16]最後我滑回保守論壇網站，它自己宣稱的目的及觀點卻又不同。

在我看，這篇文章是垃圾。

回到臉書，我找到那篇文章，到右上角點擊「檢舉貼文」，出現一個對話框：「協助我們了解發生了什麼事」，我在下面選了「不實報導」。臉書提供幾種選項，我可以封鎖、取消追蹤，或刪除這名作者。我都沒選，因為我不想掉入過濾泡沫。我就按下「將此貼文標註為不實報導」，結束。

整個過程不會比你閱讀我採取的步驟更久。而且，感覺很棒！這是我能幫忙阻擋網路不實新聞的一丁點事情。我鼓勵我的學生，一在網路發現不實報導也要採取動作。動用思辨肌肉，感到自己是被賦權的網路公民，這很重要。

無可限量的分享

幾年前，在我跟我先生簽署旅程學校的媒體自律合約後，我讀到史蒂芬．強森（Stephen Johnson）寫的《開機：電視，電腦，電玩佔據生命，怎麼辦？》（*Everything Bad Is Good for You*）。哇，真是當頭棒喝。雖然有幾次違規，我已經開始習慣這種「杜絕媒體」的高標準。隨著時間過去，愈來愈多人贊同華德福呼籲多年的——科技與兒童不宜。一開始，科技人只有寥寥幾個附和，很快就有不少人加入，從蘋果的庫克（他說他不希望自己的外甥用社群媒體）到微軟的梅琳達（「我應該不會那麼早就讓孩子有隨身電腦」）[17]。視媒體為童年之敵，成了一種時尚。

強森讓我認識了「睡眠曲線」（Sleeper Curve）理論，這名詞的靈感來自伍迪．艾倫的科幻喜劇電影〈傻瓜大鬧科學城〉（*Sleeper*），「來自二一七三年的一群科學家難以置信地發現，二十世紀的人類竟不懂奶油派跟熱巧克力的營養價值」[18]。「唉呀呀。」我想，我是不是也錯失了媒體的營養價值呢？

詹金斯，我們在第二章遇到的媒體大師，很早之前就有了答案。在認識「新媒體素養」之外，他提出「參與式文化」（participatory culture）一詞。他說在這樣的氛圍裡，大家不僅消費媒體，更且參與創造與傳播。目前我們就身處於參與式文化，可製造、分享原創內容的機會無可限量，一般人握有的權力前所未見。那改寫了素養的定義，錯失其好處實在太可惜。

「如果你看媒體素養的解釋，」萊里說明，「是不僅要能嚴謹地探究媒體……也要能在其中創造、參與及行動。媒體素養就是彼此關係，這是媒體現在的走向。從個體的表達與消費，走向整體的參與和融入。」[19]

想弄清楚萊里的意思，不妨看看「粉絲文化」這個現象。粉絲文化是由狂熱愛好者形成的一種次文化，核心也許是書籍、電視節目、電影、樂團或任何流行主題（聚集哈利．波特書迷們的「波特麻瓜」（Potterheads），就是個好例子）。在參與式文化裡，粉絲無須等到下回讀書會才能分享熱情；在網上，他們能以各種方式與成千甚至上百萬名其他同好分享狂熱。

今天很多孩子熱切地擁抱這種文化拋出的機會。就看看《守護者》（*The Guardian Herd*）的世界吧。這是珍妮弗・林恩・阿爾瓦萊斯（Jennifer Lynn Alvarez）為青少年寫的系列小說，主角是那群神奇天馬：佩加索斯（Pegasi）。這些書激起無數網路社群，無論個人表達或整體融入都熱烈破表。

「《星火》（*Starfire*）出版後就很快展開，」阿爾瓦萊斯告訴我。《星火》是整個系列第一集。「孩子們迫不及待想回應這故事，於是我很快就收到各種粉絲繪圖，他們寄來各個角色的畫像。」[20]阿爾瓦萊斯自己的孩子年紀從十三歲到二十歲，她估計她的粉絲平均年齡大概十一歲。「根據這個故事的架構、我打造的獸群類型以及我為這些天馬取名字的模式，他們創造出自己的角色，決定牠們屬於哪個族群，給牠們另取名字。」

阿爾瓦萊斯的粉絲創作之賣力令人歎為觀止。「一個小朋友用樂高堆出全部角色；我看過黏土做的；還有一個用馬賽克拼出主角。」她告訴我。除了這些手作品，粉絲也會利用

Doll Maker這類網站作出數位藝術。「你可以在那裡創造精靈，」阿爾瓦萊斯說，「你可以打造獨角獸、天馬，與各種角色。」

阿爾瓦萊斯很多粉絲是在一個叫做DeviantArt.com（也叫ＤＡ）的網站發表創作，這是以藝術家與藝術愛好者為主，全世界最大的社群網站。她的粉絲在此發表了數千種圖像，其中許多更為自己的角色附上生動說明。「最棒的是，他們會立刻得到回饋，」阿爾瓦萊斯跟我說，「我相信這會讓他們進步得更快，而不是自己在家悶頭做，沒讓任何人分享。」

除了藝術，阿爾瓦萊斯的作品也激起可觀的「同人小說」（fanfiction）：粉絲根據原著，自行發展故事並與其他粉絲分享。她很多粉絲發表在Wattpad，這個免費應用程式讓後起作家以部落格形式發表小說，也可在此觀看、評論其他人作品。因為《守護者》，Wattpad被青少女們「發現」，在年輕人文學圈引爆「全球狂熱」。[21]「我覺得同人小說很棒的是能讓孩子自行發展另一種結局，寫出其他配角，打造不同背景。」阿爾瓦萊斯說，「對年輕作家來說，從既有的世界拐彎變化，要比從頭創造容易一點。而在這過程中，他們能學到故事設定，以及作者問『然後呢？』的技巧。」

你也能在Fandom——維基站點架設的網站（就像維基百科）——找到《守護者》粉絲群；用戶在此分享他們對於書、電視節目或電影的熱情與知識。根據阿爾瓦萊斯，粉絲們也會在IG, YouTube, Vimeo, Snapchat等網站分享創作。一個積極的社群甚至在她網站的留言板貼文。「還不到一年，已經有將近四萬或四萬五千個瀏覽人次。」她說。

必須附帶一提，上述一些社群媒體都規定孩子需滿十三歲才能使用。阿爾瓦萊斯一直鼓勵粉絲，要得到爸媽同意才上網。即便因為太小未能上社群網站，也沒能阻止一些年幼粉絲用電子郵件把作品寄給她。

阿爾瓦萊斯與讀者的連結，她讀者彼此間的連結，「因為數位媒體而呈爆炸性成長，」她說。「孩子們成為作者、敘事者——並與其他粉絲連成一氣，彼此分享。很多甚至有自己的粉絲團；別的粉絲看到他們寫的故事，央求他們不要停。」

其中一個這樣的粉絲是十三歲，住在奧勒岡州的莉莉。阿爾瓦萊斯把莉莉在YouTube影片的連結傳給我——題為「如何製作《守護者》天馬」的影片，很有水準（我嫁給一個拿過八座艾美獎的攝影師，媒體方面我從不輕易誇口）。我也上Wattpad，發現莉莉的同人小說寫得如此之好，聽到阿爾瓦萊斯的話也就不足為奇，「她想成為作家……她在網上碰到另一名粉絲，兩個女生差不多年紀。現在她們正一塊兒寫一本書——兩人第一部作品。」

「我真希望我小時候也有這種環境，」阿爾瓦萊斯說，「我覺得這真敞開了整個社會的大門，讓孩子能創造藝術、找到屬於自己的同類、擁有自己的粉絲團。而且這很能激發創意。」

阿爾瓦萊斯作品激起的熱情與創意，讓我想起萊里曾跟我提起有關她兒子一個朋友的故事，那孩子對Netflix影集《怪奇物語》（*Stranger Things*）有同樣的狂熱。「他甚至在萬聖節把自己打扮成路卡斯（Lucas）。」萊里說。而當他發現竟沒人在Snapchat上為這齣劇發起粉絲團，自己便領銜創了一個。

「這男生分享自己的熱情，挖掘一切有關所愛主題的相關事物。那是滿滿的學習過程，」萊里說，「完全始於熱情。」[22]

聽著阿爾瓦萊斯和萊里描繪網路為青少年開創無數表達創意及熱情的機會，我不禁想到同樣這塊天地充斥的其他標題：我們每天讀到手機如何讓青少年憂鬱受傷。就好像我們困在自己的「怪奇物語」，當中有兩個平行宇宙：其一的每件事顯得美好壯麗，另一個的一切灰暗可怕。怪奇物語，確實。

製作vs.消費

如果你從這本書有學到一課，拜託一定要是這個：科技不過只是工具。錘子可用來打造美麗的建築，也能用來摧毀它。握有工具者，即擁有創造或毀滅的力量。

下回你一看到孩子的裝置就皺眉時，想想這個。試著記住：孩子可能拿這些設備做出令人驚豔的影片，寫出高潮迭起的同人小說，畫出神奇迷人的飛天神馬。鼓勵並協助孩子擷取詹金斯口中「參與式文化」的好處：「在參與式文化裡，藝術表達與公民融入的門檻相對很低；創作與分享擁有強烈支持；非正式的師徒關係處處可見，老手所知遂能流向新人。這樣的一種文化中，成員皆相信自己的貢獻有其意義，感到與他人都有某種程度的連結（至少，他們在意他人對自己作品的眼光）。」[23]

許多孩子靠直覺就懂得擷取參與式文化之福，還有許多孩子需要推動。秀給他們看，如何參與網路世界。說故事鼓舞他們：有那麼多人的付出讓網路的點子、資源、知識那樣豐沛。我們在網路公民課的最後一年就是在做這些；我們共同研究、孩子可見——借用詹金斯的話說：「自己的貢獻有其意義」——的網路資源之一，就是維基百科。

維基百科之妙

參與式文化，從維基百科最能見其精髓。任何人，無論身在何處，只要連上網就可貢獻維基百科，讓這免費的網路資源，如同備受尊崇的大英百科般正確可信[24]。維基百科體現了詹姆斯．索羅維基（James Surowiecki）在《群眾的智慧：如何讓整個世界成為你的智囊團》（*The Wisdom of Crowds*）中指稱的，「群眾聰明非凡，且往往較其中最聰明之人更饒富智慧」[25]。

維基百科之妙在於，任何人若知道任何事的有關訊息，都可成為編輯。這一年，距離冬季奧運不遠，我跟學生說我大概是全世界少數幾個、知道一些兩項頗新的奧運項目——雙板滑雪追逐賽（ski cross）與單板滑雪追逐賽（boardercross）——的人。數年前，我跟吉姆．「太高」．艾賽克（Jim "Too Tall" Essick）（如果你在猜想，沒錯，他很高）一起從事運動行銷。我們那間小公司「野外運動行銷」（Recreational Sports Marketing），專門幫贊助企業設計運動項目，包括艾賽克想出的一種滑雪競賽：讓四個人同時出場較量，就像越野車一樣，增加比賽刺激性。我的職務是把他的想法落實為白紙黑字，設法獲得廠商贊助。於是我飛去紐約，對幾家公司做了簡報，卻都遭到拒絕。過了幾年，那裡面其中一家卻採用艾賽克的點子，只是把雙板改為單板，稱作「單板滑雪追逐賽」，過沒幾年還成為奧運項目，緊接著「雙板滑雪追逐賽」也出現了。

艾賽克在維基百科看到了這些，我則對自己散播他的點子覺得難過。「有多少人有機會想出奧運項目啊？」艾賽克說，「如果能得到一點肯定就好了。」

我決定要把這份屬於他的肯定還給他，於是我成為維基百科編輯，寫下那則簡短過去，現在在雙板滑雪追逐賽的頁面可以看到[26]。

學生們很驚訝任何人甚至自己的老師，都能當維基百科的作者——而且我居然還懂一點滑雪追逐賽。我希望他們受此激勵，兩方面都嘗試一下！

調整你的立場

現在我在旅程學校的班級很大，一個年級六十個學生，所以要花點時間才夠認識學生。有時我會看錯，馬克就是一個。瘦高個兒，一頭蓬亂金髮，滿嘴YouTube，讓我以為他就是一直看些無聊東西，甚至是「桀飛」（Jeffy）那類亂七八糟的影片：很多十到十二歲的孩子非常愛看。等我找到機會問他都在看些什麼，他說他找到一些影片教人用零件做成電腦。他就在嘗試。

類似事件在旅程學校愈來愈多，校方對媒體的觀點也逐漸改變。對於小五以下，學校依然規定學期中的週日晚間到週五放學不能接觸電子媒體，讓學生用這寶貴時間加強社交與行為技巧，日後上網時能用到。至於中學生，校方則鼓勵媒體「製作」而非只是「消費」。以下是學校目前的媒體政策：

基於十二到十四歲學童逐日成熟的能力及需求，我們鼓勵並支持六到八年級學生之家長與孩子討論媒體與科技的妥善運用……我們建議，孩子應參與媒體，而非僅是消費媒體。週日晚至週四晚，不妨有限度的單向使用（觀賞電影）；至於週末，我們鼓勵參與式的活動（製作電影）。製作短片拍下朋友學衝浪（到成功），相較只是觀看影片，其間差異甚大[27]。

你在第一章遇過的旅程學校教務主任——葛雷茲—凱莉，說校方做出重大改革。「我們的學生從拚命看YouTube，變成喜歡編碼、當播客、拍片、做藝術指導，」她說，「五年下來，整個文化從幾乎只是消費媒體趨向製作。」[28]

我鼓勵你在家裡與社區也這麼做——鼓舞媒體製作取代媒體消費。一旦開始，不妨後退一步，等著驚豔。非常棒的事情即將在線上開展。

網路公民時間

偵測垃圾

教孩子利用C.R.A.P.（垃圾）四個字母作為字首代表的意義，去檢驗網路上一定會碰到的錯誤訊息。如果你認為C.R.A.P.不夠，不妨加上一個A（accuracy，正確），變成C.R.A.A.P.。孩子可用C.R.A.P.進行偵測：

一、找出假新聞。一個好方法是跟孩子一起滑你的臉書動態，或你有在用的其他社群媒體，找出新聞故事。特別留意那些包含某些字句的聳動標題，像是「驚人」、「異乎尋常」、「看了這個再說吧！」點擊其中之一，用下列問答進行檢測（可能需要「谷歌」一下）：

- 這個網站／故事很普及嗎？

- 這網站／故事感覺可信嗎？
- 作者是誰？資歷背景如何？
- 提供的資料正確嗎？
- 這網站／文章的目的何在？你有看出什麼觀點嗎？

二、如果你沒使用臉書，可點閱其他有新聞動態的社群媒體。很多孩子是透過Snapchat的「發現」功能看到新聞；如果孩子有用Snapchat，請他們透過這條路徑展示新聞。那多由信譽可靠的公司提供，像是「美食頻道」（The Food Network）、《十七歲》（*Seventeen*）、《紐約時報》、《國家地理》。看能否協助孩子從他們的設備抓出誤導訊息。

三、告訴孩子，現在任何人只要有連線設備，都能上網刊載任何事情。讓孩子曉得，很多人是透過社群媒體看到新聞，甚至覺得假新聞比事實可信（耶魯大學一項研究發現，人們認為透過社群媒體按讚、分享不斷轉播的假新聞，要比真實事件更為正確[29]）。如今谷歌跟臉書都開始制裁這項行徑。讓孩子知道：臉書的作者是會報導不實故事的。用我在本章稍早示範的步驟做給他們看。

你是消費者還是製作人？

這是第四章「積極參與」那項練習的變化。這一回，當孩子評估自己的數位飲食，重點不在花多少時間在媒體，而是用在消費還是製作。

一、請孩子鎖定普通非上學日，追蹤自己二十四小時的媒體使用（你也可以照辦！）。要他們寫下所有的媒體活動，從醒來到睡著。

二、結束後，請孩子把活動分為兩類：媒體消費，媒體製作。然後把兩邊的時間加總。說比做簡單，因為有些活動橫跨兩類。提供一些例子：如果他們拍照上傳，那算製作；如果只是一直看YouTube的影片，那叫消費；但如果他們用YouTube製作影片上傳，或在某人的影片後留言，算是製作。

三、如果孩子能看到消費相對於製作的結果會很有幫助，所以請鼓勵他們把數據化為圓形圖，這也是一項了不起的數學能力。下面是我學生的一個範例：

四、一起研究清單、圖形，展開討論。這樣問孩子：你的時間多半是在製作還是消費？你製作了什麼？過程中你學到或用上哪些技能？將來你能怎樣產生更多製作，少點消費（記住：我們偶爾也仍需要點消費）？這將有助你們家以後的媒體話題從「花多少時間上網」轉向「善用上網時間」。祝好運！

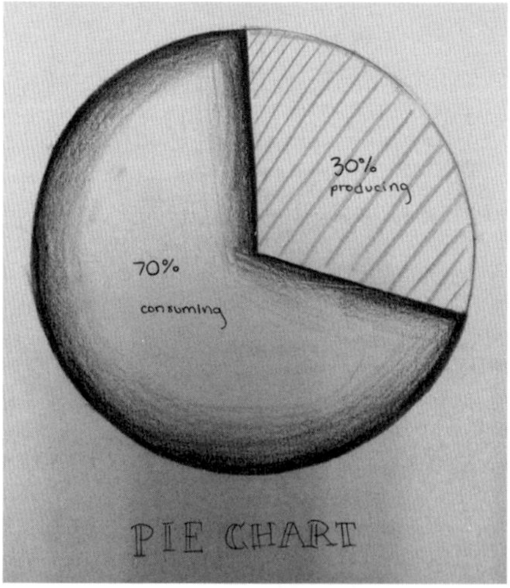

第八章

成為數位領袖

看來我們碰上的反諷很有得瞧：時代日趨人工，兒童得先親手探觸什麼為真；溝通已是光速，兒童更要培養出自己的主見；機器益發強大，我們更要先教孩子懂得運用自身的可觀力量。

——樓爾・孟克（Lowell Monke），〈人情味〉（The Human Touch）[1]

每年我都跟學生講，儘管我們在一起會有很多時間共同討論，但大家得遵守一條規矩：我講話時，他們得聽。這可難倒了路易，一個身材結實、活力滿滿的男生。比起聽我說話，他更喜歡跟同學聊天。坦白說，我講的東西好像從沒引起他興趣。他總等不及這堂課結束，趕快開始他最愛的下課時間。我幾乎已放棄跟他有拉近的可能。但在我們上「應用程式」那天，情況有了轉變。

每年有兩個月，我會要求六年級生把好公民品德——誠實、同情、尊重、責任、勇氣——用到自己會參與的網路社群。他們的功課就是：打造——白紙黑字——網站或應用程式，以至少一項品德為核心宗旨。

路易全心投入。熱愛騎登山自行車的他，「發明」一個叫「受傷戒備」的應用程式，讓包括單車騎士、登山者等人野外出征時，能發揮同情，彼此照顧。概念如此：假設你獨自騎車登山受了傷，這個程式將自動通知附近其他也使用這項程式的騎士、跑者或路人：你需要協助。假如你準備外出騎車或健行，你可以登錄「受傷戒備」，其他使用者便會留意關照你或知道需要時可向你求援。路易如此沉迷於構思，以往從不專心現在卻整堂課黏著我，拿紙筆手腳並用地解釋他這程式的每項功能，為了充分說明甚至還犧牲他最愛的下課時間。

不能怪他，我自己也熱愛騎登山單車，所以我的熱烈反應可能鼓舞了他。「多棒的主意啊！」第二天我自己準備野外騎車時想著。邊騎邊想著路易跟他的設計，中途我遇上鬆土一打滑摔倒了。我沒受傷，但姿勢怪異，鞋子卡在腳踏一下拔不出來。躺在那兒努力解圍時，我想此時若手機有路易這個應用程式該多好。

下回碰到路易，我告訴他這次經驗並說很期待他的應用程式。他臉一亮，接著轉為嚴肅，告誡我：「格雷伯小姐，你實在不該單獨騎車的。我最好盡快弄好那個應用程式。」

行善應該沒那麼難

路易是否邁向下個階段——學會程式設計——仍有待觀察，重點是：透過這簡單的活動，路易與同學們得以想像，能讓手中的厲害裝置做出正面有益的貢獻。在看到那麼多網站與軟體要在事後才補上公益功能，或出於大眾譴責不得不然之後，這點更顯重要。謹舉幾個例子：

- 二〇一七年一份報告點名ＩＧ為最危害用戶心理健康與福祉的社群媒體，建議這類應用程式「依據貼文與其他資訊找出心理狀況不佳用戶，審慎提供可尋得幫助資訊。」[2]不久後，ＩＧ便增加「三樣全新安全與慈善功能」，包括一個能讓用戶點出有人需要援助的功能[3]。如今，若有人指出，ＩＧ會向那些用戶送出支援訊息，提供協助選項。

- 因漠視網站霸凌事件而廣受批評後，二〇一七年初推特開始置霸凌者於「暫停」狀態。如今，霸凌者的「推特將暫時受限。該時段裡，施虐者所發推文將只有追隨者能看到。」[4]
- 透過一個名為「住手，說出，支持」的運動，英國的威廉王子說服臉書與Snapchat啟動實驗方案，支援遭到網路霸凌的受害者，具體加強安全守則。一篇新聞報導，「史上頭一遭，全球社群媒體公司改善平台，霸凌發生即提供直接援助。」[5]威廉王子說，他希望這項方案「可成為全球性的改善藍圖」[6]。

這些進展令人振奮，卻也引發一個問題：為何拖上這麼久？保障用戶、抵制網路暴行的功能，不該只是附加——它們該是必要條件。那應該是每個應用程式公司的公民責任，應該像汽車安全帶一樣無所不在。

基於這些理由，我要求學生窮盡想像，他們未來可能創造的應用程式／網站／服務將具備何種功能。以下是他們想出的一些：

- 即時偵測，且能將惡意留言自動轉為讚美的演算法。

- 給霸凌者送出兩次警告，第三次違規立刻刪除帳號的軟體。此外，若霸凌者試圖開新帳號，即便以不同使用者名稱，「軟體也能偵測並加以封鎖」。
- 只要有人付錢買便當便協助分送食物給遊民（當然，透過無人機）的應用程式。

當全球最大最有影響力的社群媒體——臉書——誕生於大學宿舍之後，一切似乎無所不能。好點子能否成真，就差那幾行編碼。而那在今天似乎也並不難。

學生老問我，他們能否在網路公民課學到編碼。「抱歉，不會，」有一年我答覆一個毛髮蓬鬆的六年級生傑克，「但你可以上網查一下『編碼學院』（Codeacademy.com）。」我這樣建議他。

這個網站是免費的編碼教學，提供十二種程式語言，包括HTMC、CSS、Javascript等。我聽過不少小孩就在此學會編碼，我自己也上去學過幾堂，覺得容易又有趣。通常我跟學生推薦過後就沒再聽見下文。

除了那個下午。當時我在輔導一班八年級生準備期末簡報。他們使用我示範過的各種簡報工具，然後有個女生碰上一點麻煩：她的音效無法跟畫面同步。我幫不上忙，於是她問能否找她的技術幫手過來。「當然可以。」我說。沒幾分鐘，傑克出現了。在我還沒回過神，明白他就是女孩口中的「技術幫手」之際，他已進入網站編好碼讓他姊姊的音效步入正軌。

「傑克，你是在哪兒學會這本事的呀？」我問。

「就在編碼學院啊。」他答，提醒我是我向他推薦的。

「我每晚睡前都上去一小時，媽媽幫我注意時間。」他說，「我得來回重上兩種語言，但現在都很得心應手了。」拋下一抹微笑，他轉身跑回自己的六年級教室。

當孩子做出好程式

有天早上我接到露西・柯多娃（Lucy Codova）來電。之前我聯繫她，想多了解FaceUp.com（「面對」）這個讓受迫學生能向校方大人求助的抗霸凌應用程式。網站漂亮的首頁上可以看到，幾個朋友生出這個點子，是因為他們發現高中生涯「根本不是什麼彩虹跟獨角獸」。[7]

柯多娃是從捷克東南部的布爾諾（Brno）打來的（我很驚訝，因為我在網站有看到加州地址），她先為自己的英文致歉（除了一絲絲口音，其實近乎完美），說她比這小團隊其他人「多念了一點英文」。成員們大多還在讀高中，她剛滿十八歲。所以回電給美國方面的工作歸她負責，她就用課後時間處理。

FaceUp並非他們第一個產物，之前已推出一個可讓學生匿名呈報霸凌情事的網站；據她說，捷克有兩成校園使用。

成功促使他們擴大夢想。柯多娃這麼告訴我：「當你想助人，沒有停下腳步的餘裕。」雖說這團隊每個成員都有遭霸凌的經歷，這款應用程式——由簡．斯拉瑪（Jan Slama）製作——卻是以旁觀者的立場出發。柯多娃解釋，霸凌發生時，孩子們通常只能束手旁觀，因為他們不知如何伸援，而無須面對霸凌者。「有了FaceUp，你就可以為朋友、為不熟的人或為自己發聲，不必擔心透露身分。」她說。

好巧妙的轉念呀，我想著。一般而言，像Ask.fm、Whisper、After School等匿名應用程式都遭人詬病；大家認為，很多人就因為可隱藏身分而上這些網站欺負人。FaceUp則翻轉這個狀況，知道那些需要援助或想出手幫忙的孩子也有匿名之需。

柯多娃說明，供校園免費使用的FaceUp有三大功能。首先是「呈報」，「為自己或他人發聲及求援的簡單而匿名的管道」。再來，「通信」：即時談話，孩子可藉此匿名向師長求助。「有時候，這類問題面對面講不出口。」柯多娃解釋。最後是應付緊急事態的求救按鈕。「例如校內打架事件或需要立即處理的狀況。」她跟我說。

當我問他們怎麼行銷，她咯咯地笑：「談不上什麼行銷啦——我們只是幾個孩子。」而這些孩子卻剛從矽谷回來；他們在那兒見到不少導師，以及來自各校、有意使用這個程式的師長代表。舊金山灣區已有兩所學校簽署合同。柯多娃告訴我，她在過去兩週大概已跟美國四十多間學校談過，「但面對課業與春假，我得趕快再加把勁。」她說。

FaceUp是年輕創業家為求改善世界而打造的諸多網站之一。這兒還有幾個：

- 看到媽媽為了讓失智外公記得吃藥而大傷腦筋，十三歲的艾莉．特耶佛（Ellie Tilford）跟五位同學打造出「用藥響鈴」（Pharm Alarm），除了能提醒用戶吃藥，萬一用戶忘記時，還會送出預錄訊息給三名緊急聯絡人。若聯絡人在一定時間內沒有回音，用戶的主治醫師將收到通知。

- 十六歲的娜塔麗．漢普頓設計出「來跟我們同桌」，讓孩子找到共進午餐的同伴。孩子可用此程式私底下約好同桌，無須忍受獨自進食的難堪。
- 印度的青少女們利用 MIT App Inventor——一款製作應用程式的免費工具——打造出 Paani，保障孟買貧民區達拉維（Dharavi）婦孺取水時的人身安全。這個應用程式設計出線上隊伍，用戶快輪到時便收到通知，免除排隊的冗長與風險。

看到孩子打造的這些精彩程式令我不禁想到，若每個孩子都有機會、被鼓勵——在網路發揮創意、智慧、同理、慈心，世界會如何不同。我們何不少花點力氣關注孩子怎麼錯用科技，或科技對他們做了哪些可怕的事，轉而把力氣用來幫孩子成為網路正面的創造者，不要只被動地當消費人？我們何不在他們達成目標時用力為他們喝采？感謝天，還真有人這麼做了。

喝采慶功

親切高大的麥特・瑟斯（Matt Soeth）在加州長大。原本在高中教書，後來跟另一名老師金・卡爾（Kim Karr）創辦「＃我幫得上忙」（#ICANHELP）：一個旨在「教導並賦權學童善用社群媒體」的組織[8]。

「太多討論聚焦在對孩子不好的事，」瑟斯跟我說，「每件新聞、每則報導、每項警告、每個掙扎恐懼，都只關注我們該怎樣保護孩子、他們自己辦不到。而實際上我們在學校看到的是，只要給予適當的指引訓練，他們的表現令人驚豔。」[9]

瑟斯跟卡爾決定要凸顯那一塊。他們推出「＃數位成就」（#Digital4Good），彰顯「在社群媒體的學子聲音與數位領袖」。他告訴我，這個二〇一七年在推特總部舉辦的一日活動，褒揚非常懂得善用自己裝置的孩子。每個得獎人都由同儕推舉，再經過一票教育家和業界代表審核。

我要瑟斯回想去年最突出的受獎人，他想到一個名叫梅芙的十三歲女孩。「她是當中最年輕的，」他說，「這孩子對好幾種食物過敏，非常喜愛烘烤，開始先是研究食譜，接著自己研發，放上網路，愈來愈多人訂閱。」瑟斯說，其他有類似飲食限制的人紛紛跑來她這個網站：「烘培之樂：無麩無乳，純手做點心」。現在，「她可真有一大批跟隨者了。」

在「＃數位成就」典禮，每個受獎人都要展示自己的成果。「梅芙非常緊張。」瑟斯告訴我。不難理解，因為她不僅得跟現場百來個人演說，還有數千人觀看串流實況轉播。據瑟斯描述：「但她勇敢上台提問：『只因我過敏，不表示我就不能吃好吃的食物，對吧？』太可愛了——你應該看看那段影片。」[10]

我找來看了。螢幕一角拿手機錄下梅芙發言身影的是她母親——網路安全諮詢的雷普欽。

我們前幾個禮拜才談過話，當時她居然沒跟我吹噓這個女兒。我打電話過去問她。「嗯，大概是一年前吧，」雷普欽說，「我跟梅芙說，我要她暑假開始做個記錄。當時她直盯著我，好像我瘋了一樣。」[11]

梅芙的爸爸當下幫了一把，協助女兒架設部落格。而雖然他有教梅芙弄好網站——「他們父女倆費了好幾個小時的工夫，」雷普欽說——如今都是梅芙自己在管理，上傳所有的食譜、照片。「她常待在房間埋頭弄那些東西，」雷普欽告訴我，「但烘焙是她熱情所在，科技只是分享這股熱情的手段而已。」

「我們清楚看到的事：孩子有能力做出非常棒的事情，但他們需要能幫助他們、指引他們、敦促他們的成人。」瑟斯跟我說。[12]

在那之後，就看他們展翅飛翔吧。

若希望孩子飛，給他們翅膀

期待聽到數位教養子女祕訣的家長，大多對小孩在網路表現卓絕這類事情沒什麼興趣。我就是。我記得大約十年前我第一次參加「網路安全」演講，主講人是當地一家電腦修理公司的老闆，演說以精彩充實著稱。我參加附近舉行的一場，手握紙筆，發現置身近兩百個同樣焦灼的家長之中。大家端坐椅子前緣，引頸聽著一個接一個網路霸凌、掠奪者、兒童色情等恐怖的故事聽了兩個小時。非常嚇人！

之後我開車回家，口袋塞著我做的筆記，其中有長長的一堆「不良應用程式」，他要我們回家「馬上從孩子的機件裡刪掉」。我不知道有幾個家長能辦到。每次爸媽把糖果罐藏到別處，那些好奇的孩子多久就能找到？

那已經是很久以前，有人可能以為情況有所不同。錯。就在上週，我的同事凱利接到本地某社團來電，想找人為中學女生跟家長演說。對方第二次來電時，凱利準備分享數位名聲這個觀念，而對方只想確認他會「嚇死那些女孩」。凱利客氣地解釋：「我們不會那樣。」因為根據我們的經驗，用恐懼教孩子只有反效果。恐懼激起所謂「打或逃」的心理反應，雖說孩子大概不會在演說當場跟你「打」，精神上卻可能會「逃」，根本不聽你講的恐嚇故事。所以如果想讓孩子學到東西，嚇他們根本沒用。

凱利丟了生意。電話那頭那位女士謝謝他，另外請了會嚇人的講師。

「問題在這裡，」國家媒體素養教育學會的喜勒．莉普肯說，「我們一直在擔心網路種種壞事，卻幾乎從不慶賀鼓舞好事。為什麼我們只想到科技差的一面？我們為什麼這樣對孩子？為什麼這樣對自己？媒體又為什麼只講那些？」[13]

除了在國家媒體素養教育學會的全職工作，喜勒．莉普肯經常走訪各校，演說「數位公民教養課」主題。每次開場她都先了解家長對科技的感受，然後跟我一樣發現父母的焦慮來到另一個高峰。「我很驚訝父母依然這麼煩惱，」她說，「我碰過有些父母激動得掉淚，因為他們一直為這些問題跟孩子爭執不休。而當我跟孩子談，也很難相信他們對數位生活那麼緊張，那都是因為爸媽太害怕。實在沒這麼難。」

喜勒．莉普肯認為，數位時代的家長會覺得這麼難，是因為科技太新，「大人跟小孩之間本來就有隔閡，」她說，「現在社會改變又太快，大家更不知道怎麼在這全新的世界當父母。」

就像普立茲三次得獎人佛里曼（Thomas Friedman）在其最新著作《謝謝你遲到了：一個樂觀主義者在加速時代的繁榮指引》（*Thank You for Being Late*）裡說的：「科技變遷速率如此之快，已超越常人能吸收的平均速度。」[14]於是多數人無法跟上。佛里曼的解藥是「動態穩定」（dynamic stability），他以騎單車比喻：你不能不動，一定得持續踩踏才行。

我向來喜歡關於單車的譬喻，容我進一步引申到我最喜歡的單車類型：登山車。碰到陡坡往下，前衝力是你最好的朋友。慢慢來反而最糟。騎得愈快，甚至把自己逼到緊張程度，你愈能順利掌握地勢。

數位教養也是。你得往前衝，即便開個Snapchat帳號或玩「當個創世神」會讓你緊張。你得看看在無盡的搜尋之外，孩子到底在網路做些什麼，或可能會做什麼。

就像喜勒．莉普肯所言：「你看到一份針對孩子沉迷社群媒體的研究，就能找到另一份說他們如何受此激勵的報告。難就難在這裡，我們不知道的還太多。」

那我們就專注在我們所知。根據喜勒．莉普肯所言：「我們知道我們花很多時間在媒體，我們知道媒體對我們非常重要。我們知道，沒有半點疑慮，媒體影響我們。我們知道那有好有壞。我們知道用媒體有風險，我們知道其中也有許多契機。我們還知道父母非常憂心，茫然不知所措。」

「而這些，」她說，「是我們確實知道的一切。」[15]

從你的智慧出發

本書主要目的就是讓你擁有工具，好幫孩子與科技建立良好關係。要完成這項使命雖不必任何技術，但你的確得從這項已知出發：如何為人父母。

「父母最嚴重低估的，就是自己的人生歷練，」瑟斯說，「他們經歷各種關係，有過好朋友壞朋友，生命中遇過多少真心假意的人。只不過，碰到科技就出現障礙；父母會想：『我不懂科技，所以我幫不了你。』」[16]

瑟斯認為，線上生活跟線下生活在父母眼中非常不同。「但對年輕人來說，無所謂線上線下，」他說，「生活就是生活。」而今天的孩子很需要父母指引如何步入人生。

喜勒・莉普肯表示贊同：「我太常看到父母把權力讓給科技，而忘了孩子與科技或社群媒體發生的問題，並非科技問題——而是社交狀況。」

我來舉幾個例子：

- 一位家長說：「我跟孩子說，不許看（自行填空）。他們就跑到提姆家看，我知道他們跟我撒謊！」喜勒．莉普肯的回應是：「好，那不是科技問題——是撒謊問題。如果他們對你撒謊，你會如何反應？」

- 一位家長說：「我女兒為了Snapchat上發生的事情煩惱，我幫不上忙。」喜勒．莉普肯回說：「你當然幫得了，你青春期的時候沒碰過那些事件嗎？」
- 這是我最愛的情節之一：一位家長說：「我九歲女兒非常想要Snapchat帳號，我不知道怎麼跟她說。」我回答：「簡單，就說『不—行。』那是時間淬煉的正確答案。如果你九歲女兒嚎啕大哭說：『可是你不懂！』你就說：『我懂得很！我十四歲的時候想開車想瘋了，但規定是十六歲才准。我只好等，也熬過了。你也熬得過。』」

看到有多簡單了吧？從你在這世上熬出的智慧出發，帶領孩子往前翱翔。同理他們，隨時對話。青春期的兒子剛與初戀女友分手？很可能他從網上看到她沒有他——說不定更糟，跟另一個男生——過得多開心，使他更心碎。跟他談談。女兒玩電玩的時間比讀書多？也許她從中學到某些別處學不到的東西；或者學校有很多壓力，打電玩讓她獲得紓解；或者她發現透過遊戲更能交到朋友。跟她聊聊。深掘你的記憶，回顧自己被男／女朋友甩掉、從影集學到某事、發現跟同學在電話上要比當面更能談心的經驗。你辦得到的。

記住，你並不孤單。每個地方的父母都為同樣的處境傷腦筋，也跟他們交換經驗。

「我覺得家長們得在社群裡掀起這個話題，尋找支援，」喜勒．莉普肯說，「父母跟學校得並肩合作，因為這不再是家庭與學校分開的時代。政府官員必須協助老師取得專業訓練，因為老師也得理解這些課題。我們全都得問，自己是否隨時與周遭探討這些題目。」

出發探險去

當我再度來到此刻，和我有幸與其走過三年網路公民課的學生們道別，我祈禱我有為他們做好準備，迎接科技帶來的一切挑戰。誰知道未來會出現什麼？飛在空中的無人Uber，外送披薩？眼睛一眨，就能搜尋網路？薄薄一層塑膠膜，往身上一貼就成了電腦螢幕（最後這項已然成真）？

我以為，讓學生坦然迎接未知科技最好的方法，就是讓他們知道其他年輕人如何正面積極地掌控科技的故事。我曾在不同文化找到最棒的故事。例如我曾分享阿拉伯之春，那場二〇一〇到二〇一一年發生在中東與北非，爭取民主的抗議行動。那裡的學生透過社群媒體，迅速且相當和平地瓦解專制政權。臉書提供他們能夠組織、集會、交換意見的地方，他們甚至利用臉書展開許多人視為埃及首次組織性的抗議，引發持續十八天、幾近全國性對總統穆巴拉克的抵制，最終使其下台。歐巴馬總統讚揚科技在當中扮演的角色，稱許埃及青年「運用創意、天賦，配合科技，造就出一個能代表希望而非恐懼的政府」[17]。

今天，我不用望遠即可找到振奮人心的故事。我開始跟學生談起佛羅里達州帕克蘭市（Parkland）馬喬里・史東曼・道格拉斯高中（Marjory Stoneman Douglas High School）的學生，如何以他們的工具掀起一場社會與文化的重大改變。

二〇一八年情人節，在該校發生大規模槍擊事件，造成十七名師生死亡，傷痛的學生們決定提倡槍枝管制新法，於是他們拿起工具，捲起袖子。他們先用手機即時詳細地捕捉當時的恐怖畫面與眾人反應，上傳到網路；接著他們在臉書和ＩＧ分享感受，促成報導，激昂的演說也引發熱烈迴響。很快有更多學生加入社群媒體，尤其推特，眾人以極大熱情一推再推。「#悲劇不再」（#NeverAgain）運動由此誕生，大批有公民自覺的年輕人站出來。常被大人指責沉迷其中，現在他們利用社群媒體控制了槍枝管控對話，要求立法單位立即採取行動。不用一個大人寫篇新聞稿的時間，這些孩子比華府全部政客還更能引發社會對此事的關注。

《N世代衝撞：網路新人類正在改變你的世界》（*Grown Up Digital*）作者唐・塔斯考特（Don Tapscott）告訴《紐約時報》，他認為現在的青少年是遠勝以往的溝通者。「他們的成長過程從不是被動聆聽……他們一路都在彼此互動，積極溝通。」[18]同一篇報導中，臨床心理學家溫蒂・莫傑爾（Wendy Mogel）——著有《好好和孩子說話：創造零距離對話》（*Voice Lessons for Parents: What to Say, How to Say It, and When to Listen*）——則表示：「他們很勇敢，活力充沛，樂觀，非常聰明。」[19]

我同意。當我們說他們凡事淡漠，無動於衷或憂鬱沮喪時，完全低估了這些年輕人。尤有甚者，憑一些報導標題就界定那整個世代，只凸顯出我們無視他們無可選擇的複雜——對的，有時還頗令人沮喪——環境；無論我們喜歡與否，這個環境與科技密不可分。更別忘了，讓他們跟連線產品密不可分的，是我們這一代；我們把那些裝置塞進他們的小手，卻沒給予指引，沒有典範，有時甚且在他們認知功能完全沒準備好之前。即便如此，許多年輕人仍靠自己表現地非常亮麗。我不禁想，如果大人能幫點忙，他們有多少人能表現地更棒？

數位時代之為人處事

五月尾聲的一個週末，旅程學校舉辦的網路公民講座上，來訪的一位老師詢問我們的八年級生：「你們學到最重要的數位技能是什麼？」當下沒人作答，讓我捏了把冷汗。彷彿一世紀過後，塞博——一個有著深棕色眼睛、看似成熟的男生說：「我們沒有學到數位技能。」我看得出那位老師跟我一樣驚訝。好在賽博繼續說，「我們學到人生技能。」他曉得那老師仍不大明白。「基本上，」他說，「我們學到如何做人，無論在線上或線下。」

值此演算法與機器人時代，學做人變得極其困難。簡訊不講禮數；Siri不期望你說謝謝；自動回覆系統感覺不出對方需要一絲溫暖或擁抱。希望科技伴隨長大的孩子能懷抱同理，善體人意，考慮周到，和藹仁慈——與種種讓人生有價值的古老人性——我們就得在真實生活中播下這些品德的種子，而且要趁早。那麼，等他們變大變聰明，就能隨時在網路世界活用這些基本人性。也許他們也會記得不時放下裝置，汲取實際生活的溫暖，像是具體的擁抱、真誠的微笑、暖心的擊掌。但願這本書有助你協助孩子達到這些目標。

概括本章之際，我想用一個好記的句子，一個簡單格言或順口溜來總結怎樣在數位時代做人——好讓你能告訴孩子，好讓他們永誌不忘。由於我在兩章前開始留意自己咖啡是否喝太多，便改喝康普茶——一種相對「健康」卻能提供一定咖啡因的替代品——然後在某個無聊瞬間，讀了眼前的包裝。沒想到就在那「啟蒙小語」底下我找到了我尋尋覓覓的箴言；更巧的是，我還認識那句話的作者：康納得．安克（Conrad Anker）。安克是我先生攀岩的好夥伴。不是「來去攀岩場動動吧」那種夥伴；而是「我們要去探險了，順利的話兩個月後回來，而且手腳健全」的那種夥伴。這些年來，他們並肩挑戰過崇山峻嶺——從首次的南極洲毛德皇后地（Queen Maud Land），到橫越南喬治亞島（South Georgia Island）拍攝恩斯特．

薛克頓爵士（Sir Ernest Shackleton）當年壯遊軌跡。安克精彩的攀岩生涯受到國際矚目，我想這樣的經歷值得令人深思。靠著一條繩索懸吊在幾千英尺高空，當下應是心如明鏡。

所以，感謝安克，謹以這句完美格言提醒你的孩子——跟你自己——如何在此數位時代處事為人：

「正直，仁慈，快樂。」

後記

假如你讀完此書並與孩子共同完成所有的「網路公民時間」，你的任務已了！你了解為社交情緒技能打下扎實基礎的重要；明白該如何幫孩子以四根巨柱建立經得起未來難免的數位風暴的牢靠建築；你會鼓勵他們正面積極地融入網路社群。你也知道這一切得投入相當的時間精力。值不值得呢？

我經常自問。最後決定，最好的辦法就是去問我這門課的第一屆學生：早從二〇一〇年起，我女兒派珀那班，宛如我的實驗鼠，這群孩子熱切投入我拋出的每個練習，跟我一起探討其中哪些效果最好。現在他們不是在念大學就是在工作，當年那番訓練對他們實際的數位生涯究竟有沒有影響？我很想知道。

於是我派出我的助手安娜．迪梅爾。十九歲的她恰好與那些學生同年，我想他們面對她比較能暢所欲言。我給她一項指示：了解他們與數位工具之間的關係如何。我也跟她說，我們不妨給受訪者假名，就像書中所有的孩子。有趣的是，他們全都同意使用真名。我想那是好兆頭。

以下是梅迪爾的第一手報導：

當黛安娜要我訪問她以前的學生，了解他們目前「與自己數位工具的關係」時，我先自行反思。我個人從沒把網路、社群媒體、科技視為工具——我是說，我當然隨時在用這些東西，就像所有人一樣；但也像大部分我認識的人，我總把它們跟錯用所導致的壞事扯在一起。再者，科技一直是那樣龐大而無所不在的東西，你無法忽視——你很需要它——即使你非常希望事實不是如此。我想我要表達的是，我從沒把網路看作是有益發明。這話出自我這世代的人可能很怪。而經過這次訪談，我的觀念有了變化。以下請見訪談結果：

蓋瑞・華勒斯

我第一個訪談對象是華勒斯，鞍峰學院（Saddleback College）新鮮人。雖然他坦承他講不出當年上過什麼，但我發現他使用社群媒體的狀態相當特殊。比方說，我們這年紀的人多半在公開的IG帳號之外，會有只跟好友分享某些東西（通常「不利於工作」）的私人帳號。「我不會。我的主要帳號是私人的。很簡單，我想知道有誰看過我的東西。」他描述自己的貼文「沒什麼家人不宜的……我不說髒話，也不貼跟朋友做什麼壞事的影片。」他始終聰明謹慎，杜絕一切有損聲譽的可能。就我看，那似乎正是網路公民課的宗旨。

昆恩・蕭

接著我訪問蕭，索諾馬州立大學（Sonoma State University）新鮮人，十分迷人，雙主修：英文，心理學，輔修：老人學。我認識蕭跟我認識女兒派珀一樣久，因此我本來就知道她用社群媒體很節制。當我問她是否覺得網路公民課有幫到她處理數位生活，她說：「我應該本來就不算是手無寸鐵——就是說，我絕對不可能傳送裸照什麼的。」她笑說，「但說到凡走過必留下足跡，（那些課）確實更提醒我絕不能做傻事。」

蕭記得曾以一些社群媒體的傻事為例，展開的討論與遊戲。她記得這些很合理；實際體驗與互動，本來就是吸引青少年注意的要旨。我也問她是否自認社群媒體習慣有別一般，她舉例作答：「有時候我會告訴朋友：『哎！我真想刪掉我的ＩＧ。』他們會說：『你怎麼、怎麼、怎麼會有這種念頭？』我就說那些東西讓你陷在裡面，很討厭啊，他們會說：『什麼？』所以，我想我本來就這樣，另一方面，這大概也是上過這門課的小孩的反應吧。」

以我個人來說，我也曾有別上ＩＧ跟Snapchat的衝動，但從沒認真過。但跟蕭及其他學生談過後，我發現他們很能接受沒有社群媒體的生活。那可能是他們早年學到其中好壞的緣故。

埃利亞斯．伯里森

伯里森是沙加緬度州立大學（Sacramento State University）榮譽班學生，主修機械工程，輔修電腦。他對社群媒體有很多想法。跟蕭一樣，他認為應節制使用ＩＧ之類的應用程式，還擔心人們當面互動日漸下滑的困境：「我知道我這一代很多人不覺得這是問題，但我認為那（社群媒體）取代了人與人的基本互動。就像本來該跟對方聚餐的，結果你打電話、傳簡訊、臉書聯繫他們。這是個問題。」

他繼續說：「我覺得你不該畫地自限，把自己綁在數位互動裡。應該更廣闊。我當然還是有那些社群媒體，但可能的話，我寧願不用。」

我願意相信，我這年紀有很多像伯里森、蕭這種人：「實際」生活中，我們要比媒體描繪的更加合群。但現實中這種人似乎逐漸稀少，也讓這類教育更顯重要。

伯里森也指出：「（孩子們）其實不知道什麼可以放在網路上。而那是以前我們在課堂上有討論的。我是我們家四個兄弟姊妹的老大，所以我會把我學到的教給他們。」

他繼續說明：「我們學過如何善用（社群媒體），不會貼一些日後會傷害自己的東西。還有，黛安娜很會解釋事情，我覺得那很棒，尤其對小孩來說，除非你聽得懂，否則你不會做的。」

索非亞．法茲雷

走訪至此，我發現數位名聲對這批學生影響深遠，包括法茲雷，主修時尚行銷的爽朗女生。「那絕對讓我更提高警覺。」她告訴我。就她來說，那些課程影響她現在的社群媒體習慣。「我很注意自己貼的東西。」她說。

姊妹會一個朋友在私人帳戶貼出不雅照被逮，此事也讓她更注意不要過度分享個人資訊或爭議性內容。她解釋：「即便在私人網站也有風險——那個朋友就被記警告，那很嚴重，她得跟姊妹會幹部們一一會談。」

法茲雷也談到貼文全家皆宜的重要。開放家人觀看，讓她不致墜入前述友人所經歷的類似困境。

尼可拉斯．羅徹

羅徹，一位活潑外向的鞍峰學院新鮮人，準備轉到加州大學聖塔克魯茲分校（UC Santa

Cruz）繼續攻讀海洋生物。訪問當下他便記起學習製作安全好記的密碼：「全班分成好幾組，得用那規則想出有意思的密碼。那凸顯出為重要東西分別制定密碼的必要性——像是密碼、臉書等等，各自應該不同。」

羅徹記得，當時社群媒體正蔚為風氣，尤其是ＩＧ：「我們上網路公民課時它才剛剛開始。我們上課學到，將來我們上大學、申請學校，都會用到這東西；人家會以專業眼光看你。不用說，我高中很多同學沒上過這門課，根本沒想過這種問題。」

然後他提及最近申請兩份工作時碰上的狀況：

> 他們問我：「嘿，你明天能來面談嗎？還有，我們能不能看看你的社群媒體？我們想確保沒什麼大問題。」

所幸羅徹不用擔心。他早就知道很多東西不該貼在網路上。

我的結論

結束這輪訪談，我發現這批學生與同齡者間兩項明顯差別。第一，他們了解如何有效正面地使用網路，明白哪些失誤會傷害數位名聲。第二，他們似乎都沒成為這些裝置的奴隸，這跟我們多數人很不一樣。

套用伯里森的話：「我認為這門課終將成為必修。不然怎麼行呢？尤其現在每個手指能動的小孩都有iPad。這是社會主流現象。無論什麼型態，有關教育必然發生。」

致謝

若說養孩子需要一整村，那幫生手作者出書可真需要一整個忙碌運作的都市了。我非常感激那許多人的協助與鼓勵。

首先也最重要的是，感謝我的家人。好長一段時期，長到我不想承認，他們只能盯著我盯著螢幕的背影。謝謝兩個女兒，伊莉莎白與派珀，不介意我對她們的數位生活追根究柢。而我最要感謝的，還是我先生麥可。他是我最忠心的啦啦隊，支持我撐完四年我宣稱一個忙碌媽媽能輕鬆念完的研究所，接著是這數位素養無底洞帶來的工作、出差與研究。擁有另一半的堅定支持，絕對是一生最珍貴的餽贈。

沒有那些受訪專家就沒有此書。有些人你可能沒聽說過，但你實在應該要；多虧他們每位的辛勤耕耘，網路得以更安全穩健。我要在此一一致謝：凱茲曼，薛爾，歐勒，唐納休，李伯曼，格林菲，克里曼，萊里，季徹曼，麥卡尼，歐樂，阿爾瓦萊斯，艾賽克，賽雅尼，門多薩，雷普欽，柯多娃，瑟斯，珀芭，喜勒．莉普肯，杜魯茵，薇緹格，阿祖雷，赫斯特—德拉．皮埃屈拉，羅特里吉，康納莉，凱利，蓋瑞，埃莉絲，亨度賈，佛特斯，雷芙，葛雷茲—凱莉，雪芙。

沒有作家雪芙的鼓勵，我不可能寫成此書。也感謝她介紹我認識我的經紀人——出版代理喬德波（Joelle Delbourgo Associates）的最勤懇的賈桂琳．芙琳（Jacqueline Flynn）。熬過芙琳對提案的字字斟酌，寫書顯得那麼簡單！也要感謝HarperCollins Leadership的編輯提姆．伯格（Tim Burgard），耐心領我走過初稿到完稿的漫漫長路；感謝阿曼達．巴赫（Amanda Bauch）、傑夫．法爾（Jeff Farr）、雷．葛萊斯曼（Leigh Grossman）將我的語言點石成金；感謝希拉姆．森提諾（Hiram Centeno）與西西莉．愛斯登（Sicily Axton）的行銷長才。也得感謝我的同事凱利與我的先生麥可，辛勤過目最初稿。

此書最早概念，始於我在菲爾丁研究院攻讀「媒體心理學與社會變遷」之時。感念當時每位教授，尤其羅特里吉博士的不吝分享淵博知識與實用建議。她對科技潛力的樂觀期待更讓我受用無窮。

研究所獲益匪淺，我結交許多聰明熱忱的摯友：李伯曼，蒂納・胡佛（Tina Hoover）、卡拉・凱希里（Carla Casilli）、麗莎・斯諾・麥唐納（Lisa Snow Macdonald）、萊拉・胡芙（Lara Hoefs）、辛蒂亞・維尼（Cynthia Vinney）。那許多年每兩個月一次、思索人性與科技的早餐會，仍讓我滿懷感謝。尤其謝謝李伯曼；八年前剛拿到碩士、滿懷熱忱的我們倆，推出「網路智慧」（Cyberwise，另一稱為「一個大人都不能少」）與家長老師分享我們對數位媒體的認識。謝謝妳，與我走過這段歷程！

感謝這些年持續加油打氣的友人，尤其不斷叫我「挺身而進」的康納莉與葛雷茲—凱莉！

撰寫教養書籍，不免令人想起自身童年。我有幸與四位獨立自主的手足共享美好——也許有點喧嘩——的成長過程，有他們為伍的聚餐依然歡樂。感謝爸媽，伊莉莎白與唐納・修茲（Elizabeth and Donald Schulz），我們的童年充滿愛與歡笑，至今依然。

我更要感謝旅程學校的溫暖懷抱。感謝前任校長佛特斯，勇於讓網路公民上路且鼓勵我加以推廣。我將永誌不忘。也謝謝凱文・凱勒（Gavin Keller），我女兒的六年級導師、旅程學校目前校長，慷慨邀我到班上開啟這門課。

誠摯感謝凱勒先生當年的學生，尤其那些受我助手迪梅爾訪問的人。伯里森，華勒斯，羅徹，蕭，法茲雷，謝謝你們。

最後、也很重要地，我要把最誠摯的感謝獻給我有幸在網路公民之路同行的每個孩子，包括我直接面對以及由其他老師們指導的。我尤其感謝那許多傳授網路公民——或任何形式的數位素養——課程的學校及老師，感謝你們一起在數位時代教養出正直、仁慈、快樂的新人類。

分章註釋

9. Schaffer, Russell, "Kaplan Test Prep Survey: College Admissions Officers Say Social Media Increasingly Affects Applicants' Chances." Kaplan Test Prep (February 10, 2017). Retrieved on December 1, 2017 from http://press.kaptest .com/press-releases/kaplan-test-prep-survey-college-admissions-officers -say-social-media-increasingly-affects-applicants-chances.
10. Wanshel, Elyse, "Teen Makes 'Sit With Us' App That Helps Students Find Lunch Buddies," *Huffington Post* (November 16, 2016). Retrieved on December 2, 2017 from https://www.huffingtonpost.com/entry/teen -creates-app-sit-with-us-open-welcoming-tables-lunch-bullying_us_ 57c5802ee4b09cd22d926463.
11. Theocharis, Y. and Quintelier, E. "Stimulating Citizenship or Expanding Entertainment? The Effect of Facebook on Adolescent Participation," *New Media and Society* 18(5), 2016, pp. 817–836.
12. Third, A., Bellerose, D., Dawkins, U., Keltie, E., and Pihl, K., "Children's Rights in the Digital Age," *Children Around the World* (2nd edition) (Melbourne: Young and Well Cooperative Research Centre, 2014), p. 36.
13. Common Sense Media, "The Common Sense Media Census: Media Use by Tweens and Teens," 2015, Retrieved on October 10, 2017 from https://www .commonsensemedia.org/sites/default/files/uploads/research/census_ executivesummary.pdf.
14. Kelly Mendoza (senior director of education programs for Common Sense Media), in discussion with author, April 23, 2018. Used with permission.
15. Anderson, Monica, "How Having Smartphones (Or Not) Shapes the Way Teens Communicate." Pew Research Center (August 20, 2015). Retrieved on December 2, 2017 from http://www.pewresearch.org/fact-tank /2015/08/20/how-having-smartphones-or-not-shapes-the-way-teens-communicate/; Lenhart,

前言　孩子身處的數位環境

1. Shriver, Lionel. *We Need to Talk About Kevin: A Novel* (New York: Harper Perennial, 2006), p. 177.
2. Unless otherwise noted, all student names are pseudonyms.
3. Third, Amanda, et al., "Young and Online: Children's Perspectives on Life in the Digital Age," *The State of the World's Children 2017 Companion Report* (Sydney: Western Sydney University, 2017): 6. DOI: 10.4225/35/5a1b885f6d4db.
4. Lenhart, Amanda, "Teens, Technology, and Friendships," Pew Research Center (August 6, 2015), p. 6. Retrieved on October 27, 2017 from http://www .pewinternet.org/2015/08/06/chapter-4-social-media-and-friendships.
5. Ibid., p. 5
6. Common Sense Media, "Social Media, Social Life: How Teens View Their Digital Lives," *A Common Sense Research Study* (Summer 2012), p. 22.
7. Reich, S. M., Subrahmanyam, K., and Espinoza, G., "Friending, IMing, and Hanging Out Face-to-Face: Overlap in Adolescents' Online and Offline Social Networks," *Developmental Psychology* 48(2), 2012, pp. 356–368; Coyne, S. M., Padilla-Walker, L. M., Day, R. D., Harper, J., and Stockdale, L. A., "Friend Request From Dear Old Dad: Associations Between Parent-Child Social Networking and Adolescent Outcomes," *Cyberpsychology Behavior and Social Networking* 17(1), January 2014, pp. 8–13.
8. Middaugh, Ellen, Lynn Schoefield Clark, and Parissa J. Ballard, "Digital Media, Participatory Politics, and Positive Youth Development," *Pediatrics* 140 (Supplement 2), November 2017, S127–S131; DOI: 10.1542/peds.20161758Q: S129.

Amanda. "Teens, Technology, and Friendships," Pew Research Center (August 6, 2016). Retrieved on January 23, 2018 from http://www.pewinternet.org/2015/08/06/teens-technology-and -friendships/.

16. Jack McArtney (former director of messaging at Verizon), in discussion with author, November 20, 2017. Used with permission.
17. Dokoupil, Tony. "Is the Internet Making Us Crazy? What the New Research Says," *Newsweek* (July 9, 2012). Retrieved on December 2, 2017 from http://www.newsweek.com/internet-making-us-crazy-what-new-research-says -65593.
18. Twenge, Jean M. PhD. *iGen: Why Today's Super-Connected Kids Are Growing Up Less Rebellious, More Tolerant, Less Happy—and Completely Unprepared for Adulthood* (New York: Atria Books, 2017), p. 5.
19. Twenge, Jean. "Have Smartphones Ruined a Generation?" *The Atlantic* (September 2017). Retrieved November 28, 2017 from https://www .theatlantic.com/magazine/archive/2017/09/has-the-smartphone -destroyed-a-generation/534198/.
20. Ibid.
21. Felt, Laurel, and Robb, M. B., "Technology Addiction: Concern, Controversy, and Finding Balance," Research Brief (San Francisco: Common Sense Media, 2016), p. 25.
22. Jamieson, Sophie. "Children Ignore Age Limits By Opening Social Media Accounts," *The Telegraph* (February 9, 2016). Retrieved on December 12, 2017 from http://www.telegraph.co.uk/news/health/children/12147629 /Children-ignore-age-limits-by-opening-social-media-accounts.html.
23. Capistrano Unified School District website. Retrieved on December 1, 2017 from http://capousd.ca.schoolloop.com.
24. "U.S. News Best High School Rankings," *U.S. News & World Report* (2017). Retrieved on December 2, 2017 from https://www.usnews.com/education /best-high-schools/rankings-overview.
25. Oppenheimer, Todd, "Schooling the Imagination," *The Atlantic* (September 1999). https://www.theatlantic.com/magazine/archive/1999/09/schooling -imagination/309180/.
26. Jenkin, Matthew. "Tablets Out, Imagination In: The Schools That Shun Technology," *The Guardian* (December 2, 2016). Retrieved on December 2, 2017 from https://www.theguardian.com/teacher-network/2015/dec/02 /schools-that-ban-tablets-traditional-education-silicon-valley-london.
27. "The Incredible Growth of the Internet Since 2000," Solarwinds Pingdom (October 22, 2010). Retrieved on December 10, 2017 from http://royal .pingdom.com/2010/10/22/incredible-growth-of-the-internet-since-2000/.
28. Rideout, V. J., Foehr, U. G., and Roberts, D. F., "Generation M2: Media in the Lives of 8–18 Year Olds," Kaiser Family Foundation (January 10, 2010). Retrieved on December 1, 2017 from https://www.kff.org/other/event /generation-m2-media-in-the-lives-of/.
29. Shaheer Faltas (former Journey School administrator), in discussion with author, November 6, 2017. Used with permission.
30. Graber, Diana, and Mendoza, Kelly, "New Media Literacy Education (NMLE): A Developmental Approach," *Journal of Media Literacy Education* 4(1), 2012. Retrieved on December 22, 2017 from http://digitalcommons.uri .edu/jmle/vol4/iss1/8/.
31. Faltas, discussion.
32. Lieu, Eric, "Why Ordinary People Need to Understand Power," TED Ideas Worth Spreading (September 2013). Retrieved on November 27, 2017 from https://www.ted.com/talks/eric_liu_why_ordinary_people_need_to_ understand_power.
33. Ibid.
34. Media Smarts Website. Retrieved on December 28, 2017 from http:// mediasmarts.ca/digital-media-literacy-fundamentals/digital-literacy -fundamentals.
35. Williams, Lauren, "Digital Literacy Yields Test Gains, Better Behavior," *District Administration* (August 2015). Retrieved on December 3, 2017 from https://www.districtadministration.com/article/digital-literacy-yields -test-gains-better-behavior.
36. "Plato, The Phaedrus—A Dialogue Between Socrates and Phaedrus Written Down by a Pupil of Socrates, Plato, in Approximately 370 B.C." Digital Humanities (n.d.). Retrieved on December 2, 2017 from http://www.units .miamioh.edu/technologyandhumanities/plato.htm.
37. Bell, Vaushan. "Don't Touch That Dial!" *Slate* (February 15, 2010). Retrieved on December 15, 2017 from http://www.slate.com/articles/health_and_

uploads/2012/01/ilearnii.pdf.
8. Courage, Mary, "Chapter 1- Screen Media and the Youngest Viewers: Implications for Attention and Learning." *Cognitive Development in Digital Contexts* (2017), pp. 3–28. Retrieved on December 22, 2017 from http://www .sciencedirect.com/science/article/pii/B9780128094815000018.
9. Kardefelt-Winther, Daniel, "How Does the Time Children Spend Using Digital Technology Impact Their Mental Well-Being, Social Relationships, and Physical Activity? An Evidence Focused Literature Review," UNICEF (December 2017), p. 25. Retrieved on December 11, 2017 from https://www .unicef-irc.org/publications/pdf/Children-digital-technology-wellbeing.pdf.
10. Dr. Pamela Hurst-Della Pietra (founder and president of Children and Screens: Institute of Digital Media and Child Development), in discussion with author, December 13, 2017. Used with permission.
11. United Nations Children's Fund, "The State of the World's Children 2017: Children in a Digital World." UNICEF (December 2017), p. 3. Retrieved on December 14, 2017 from https://www.unicef.org/publications/index_ 101992.html.
12. Lerner, Claire, and Barr, Rachel. "Screen Sense: Setting the Record Straight," Zero to Three (2014), p. 1. Retrieved on December 22, 2017 from https:// www.zerotothree.org/resources/1200-screen-sense-full-white-paper.
13. Campaign for a Commercial-Free Childhood, Alliance for Childhood, and Teachers Resisting Unhealthy Children's Entertainment, "Facing the Screen Dilemma: Young Children, Technology and Early Education," Campaign for a Commercial-Free Childhood (October, 2012), p. 6. Retrieved on December 11, 2017 from http://www.allianceforchildhood.org/sites/alliancefor childhood.org/files/file/FacingtheScreenDilemma.pdf.
14. Louv, R., *Last Child in the Woods: Saving our Children from Nature-Deficit Disorder* (expanded and revised ed.) (New York: Algonquin Press, 2008), p. 48.
15. Institute of Medicine, *From Neurons to Neighborhoods: The Science of Early Childhood Development* (Washington, D.C.: The National Academies Press, 2004), p. 190.
16. Begley, S., "Your Child's Brain," *Newsweek,* 127.8 science/science/2010/02/dont_touch_that_dial.html.
38. "Teaching Good Citizenship's Five Themes," *Education World* (n.d.) Retrieved on November 2, 2017 from http://www.educationworld.com/a_ curr/curr008.shtml.

第一章　學齡前的數位教養

1. Aiken, Mary, *The Cyber Effect: A Pioneering Cyberpsychologist Explains How Human Behaviour Changes Online* (New York: Spiegel & Grau, 2016), pp. 113–114.
2. Rideout, V. "The Common Sense Census: Media Use by Kids Zero to Eight," Common Sense Media (2017), p. 3. Retrieved on December 5, 2017 from https://www.commonsensemedia.org/sites/default/files/uploads /research/csm_zerotoeight_fullreport_release_2.pdf.
3. Kabali, Hilda K., Irigoyen, Matilde M., Nunez-Davis, Rosemary, Budacki, Jennifer G., Mohanty, Sweta H., Leister, Kristin P., and Bonner, Robert L., "Exposure and Use of Mobile Media Devices by Young Children," *Pediatrics* 136.6 (November, 2015), peds.2015-2151; DOI: 10.1542/peds.2015-2151. Retrieved on December 6, 2017 from http://pediatrics.aappublications.org /content/early/2015/10/28/peds.2015-2151.
4. Wilson, Jacque, "Your Smartphone Is a Pain in the Neck." CNN (November 20, 2014). Retrieved on November 27, 2017 from http://www.cnn.com /2014/11/20/health/texting-spine-neck-study/index.html.
5. Kabali, H. et al., "Exposure and Use of Mobile Media Devices by Young Children," *Pediatrics* 136.6 (2015): 1044–50.
6. Hirsh-Pasek et al., "Putting Education in 'Educational' Apps: Lessons From the Science of Learning," *Association for Psychological Science*, Vol. 16(1), 2015, pp. 3–34. DOI: 10.1177/1529100615569721.
7. Shuler, C., "iLearn II: An Analysis of the Education Category of the iTunes App Store." The Joan Ganz Cooney Center at Sesame Workshop (January 2012), p. 3. Retrieved on December 30, 2017 from http://www.joanganz cooneycenter.org/wp-content/

white-paper.
30. Myers, L. J., LeWitt, R. B., Gallo, R. E., and Maselli, N. M., "Baby FaceTime: Can Toddlers Learn From Online Video Chat?" *Developmental Science* 20 (July 2017). DOI:10.1111/desc.12430.
31. Ibid., p. 1.
32. "Building the Brain's Air Traffic Control System: How Early Experiences Shape Development of the Executive Function," Center on the Developing Child at Harvard University, Working Paper, No. 11 (2011), p. 1. Retrieved on December 22, 2017 from https://developingchild.harvard.edu/resources /building-the-brains-air-traffic-control-system-how-early-experiences -shape-the-development-of-executive-function/.
33. Anderson and Subrahmanyam, "Digital Screen Media and Cognitive Development," pp. S57–S61.
34. Diamond, A., "Executive Functions," *Annual Review of Psychology* 64 (2013), pp. 135–168.
35. "National Survey of Children's Health," Centers for Disease Control and Prevention (September 6, 2017). Retrieved on December 6, 2017 from https://www.cdc.gov/nchs/slaits/nsch.htm.
36. Alderman, Lesley. "Does Technology Cause ADHD?" *Everyday Health* (August 31, 2010). Retrieved on December 15, 2017 from https://www .everydayhealth.com/adhd-awareness/does-technology-cause-adhd.aspx.
37. Kardaras, Nicholas, *Glow Kids*, p. 125.
38. Shelley Glaze-Kelley (Journey School educational director), personal interview with author, November 15, 2017. Used with permission.
39. Glaze-Kelley, discussion.
40. Hurst-Della Pietra, discussion.
41. David Kleeman (vice president of global trends for Dubit), in discussion with author, February 20, 2018. Used with permission.
42. Kleeman, discussion.
43. "Technology and Interactive Media as Tools in Early Childhood Programs Serving Children from Birth Through Age 8, a Joint Position Statement." National Association for the Education of Young Children and the Fred Rogers Center for Early Learning and Children's Media at Saint Vincent College (January 2012). Retrieved November 30, 2017 from https://www .naeyc.org/sites/default/files/globally-shared/

(1996), pp. 55–61.
17. Aiken, Mary, *The Cyber Effect*, p. 91.
18. Radesky, Jenny S., et al., "Patterns of Mobile Device Use by Caregivers and Children During Meals in Fast Food Restaurants," *Pediatrics* 133(4), April 2014; DOI: 10.1542/peds.2013-3703: e843–e849.
19. Adamson, L., and Frick, J. "The Still Face: A History of a Shared Experimental Paradigm," *Infancy* 4(4), 2003, pp. 451–473, DOI: 10.1207/S15327078IN0404_01.
20. Fulwiler, Michael. "The Research: The Still Face Experiment," The Gottman Institute (n.d.), Retrieved on December 6, 2017 from https://www .gottman.com/blog/the-research-the-still-face-experiment/.
21. Aiken, Mary, *The Cyber Effect*, pp. 113–114.
22. Hurst-Della Pietra, discussion.
23. Kardaras, Nicholas, *Glow Kids: How Screen Addiction is Hijacking Our Kids and How to Break the Trance* (New York: St. Martin's Press, 2016), p. 65.
24. Christakis, D. A., Zimmerman, F. J., Digiuseppe, D. L., and McCarty, C. A., "Early Television Exposure and Subsequently Attentional Problems in Children," *Pediatrics* 113 (2014), pp. 708–713.
25. Lillard, A. S. & Peterson, J., "The Immediate Impact of Different Types of Television on Young Children's Executive Function," *Pediatrics* 128(4), 2011, pp. 644–649.
26. Anderson, Daniel R., and Subrahmanyam, Kaveri, on behalf of the Cognitive Impacts of Digital Media Workgroup, "Digital Screen Media and Cognitive Development," *Pediatrics* 140 (Supplement 2) (November, 2017), S57–S61; DOI: 10.1542/peds.2016-1758C.
27. DeLoache, J. S., Chiong, C., Vanderborght, M., Sherman, K., Islam, N., Troseth, G. L., and O'Doherty, K., "Do Babies Learn from Baby Media?" *Psychological Science* 21 (2010), pp. 1570–1574. *DOI:* 10.1177 /0956797610384145.
28. Barr, R., and Hayne, H., "Developmental Changes in Imitation from Television During Infancy," *Child Development* 70 (1999), pp. 1067–1081. DOI:10.1111/1467-8624.00079.
29. Lerner, Claire, and Barr, Rachel, "Screen Sense: Setting the Record Straight," Zero to Three (2014), p. 2. Retrieved on December 15, 2017 from https://www .zerotothree.org/resources/1200-screen-sense-full-

55. Connolly, discussion.
56. Maheshwari, Sapna, "On YouTube Kids, Startling Videos Slip Past Filters," *New York Times* (November 4, 2017). Retrieved on December 22, 2017 from https://www.nytimes.com/2017/11/04/business/media/youtube-kids -paw-patrol.html.

第二章　線下技能與線上禮節

1. Rogers, Fred, *You Are Special: Words of Wisdom from America's Most Beloved Neighbor* (New York: Penguin Books, 1994), p. 89.
2. Molnar, Michele, "Half of K–12 Students to Have Access to 1-to-1 Computing by 2015–16." *Edweek Market Brief* (February 24, 2015). Retrieved on December 2, 2017 from https://marketbrief.edweek.org/marketplace-k-12/half_of_k-12_students_to_have_access_to_1-to-1_computing_by_ 2015-16_1/.
3. Sarigianopoulos, Rena, "Is Technology in Schools Making Our Kids Smarter?" KARE 11 (November 1, 2017). Retrieved on December 2, 2017 from http://www.kare11.com/news/is-technology-in-schools-making-our -kids-smarter/488159029.
4. Ibid.
5. Richtel, Matt, "A Silicon Valley School that Doesn't Compute," *The New York Times* (October 22, 2014). Retrieved on December 3, 2017 from http:// www.nytimes.com/2011/10/23/technology/at-waldorf-school-in-silicon -valley-technology-can-wait.html.
6. Jenkins, H., with Purushotma, R., Clinton, K., Weigel, M., and Robinson, A. J., "Confronting the Challenges of Participatory Culture: Media Education for the 21st Century," *The John D. and Catherine T. MacArthur Foundation Reports on Digital Media and Learning* (2006). Retrieved December 12, 2017 from http://www.newmedialiteracies.org/wp-content/uploads/pdfs/NMLWhitePaper.pdf.
7. Reilly, Erin, Jenkins, Henry, Felt, Laurel J., and Vartabedian, Vanessa, "Shall We Play?" USC Annenberg Innovation Lab (Fall 2012). Retrieved on December 23, 2017 from https://www.slideshare.net/ebreilly1/play-doc -01-15613677?from_search=3.
8. Erin Reilly (CEO and founder of Reilly Works), in discussion with author, December 11, 2017. Used with

downloads/PDFs/resources /topics/PS_technology_WEB.pdf.
44. Dr. Chip Donohue (director of the technology in Early Childhood (TEC) Center at the Erikson Institute), email communication with author, December 5, 2017. Used with permission.
45. "Key Messages of the NAEYC/Fred Rogers Center Position Statement on Technology and Interactive Media in Early Childhood Programs," National Association for the Education of Young Children and the Fred Rogers Center for Early Learning and Children's Media at Saint Vincent College (2012). Retrieved on December 14, 2017 from https://www.naeyc .org/sites/default/files/globally-shared/downloads/PDFs/resources /topics/12_KeyMessages_Technology.pdf.
46. American Academy of Pediatrics, "New Recommendations for Children's Electronic Media Use," *ScienceDaily* 21 (October 2016). Retrieved on November 29, 2017 from www.sciencedaily.com/releases/2016/10 /161021121843.htm.
47. Donohue, email communication.
48. Paciga, K. A. and Donohue, C., "Technology and Interactive Media for Young Children: A Whole Child Approach Connecting the Vision of Fred Rogers with Research and Practice," Fred Rogers Center for Early Learning and Children's Media at Saint Vincent College (2017), p. 10. Retrieved November 30, 2017 from http://teccenter.erikson.edu/wp-content / uploads/2017/06/FRC-Report-2-1.pdf.
49. Donohue, email communication.
50. Davis, J., "Face Time: Class Acts," *Grok* (October, 2000), p. 26–36.
51. Newton, E., and Jenvey, V., "Play & Theory of Mind: Associations with Social Competence in Young Children," *Early Child Development and Care* 181.6 (2011), pp. 761–73.
52. "General Guidelines for Parents," Children and Screens: Institute of Digital Media and Child Development (n.d.). Retrieved on December 15, 2017 from https://www.childrenandscreens.com/wp-content/uploads/2017/10 /general-guidelines-for-parents.pdf.
53. Donohue, email communication.
54. Patti Connolly (school development specialist), in discussion with author, December 20, 2017. Used with permission.

permission.
9. Reilly, Erin, Jenkins, Henry, Felt, Laurel J., and Vartabedian, Vanessa, "Shall We Play?"
10. Lewis, Paul, "'Our Minds Can Be Hijacked': The Tech Insiders Who Fear a Smartphone Dystopia," *The Guardian* (October 6, 2017). Retrieved on April 20, 2018 from https://www.theguardian.com/technology/2017/oct/05 /smartphone-addiction-silicon-valley-dystopia.
11. Bernard, Zoe, & Tweedie, Steven, "The Father of Virtual Reality Sounds Off on the Changing Culture of Silicon Valley, the Impending #MeToo Backlash, and Why He Left Google for Microsoft," *Business Insider* (December 16, 2017). Retrieved on December 24, 2017 from http://www .businessinsider.com/jaron-lanier-interview-on-silicon-valley-culture -metoo-backlash-ai-and-the-future-2017-12.
12. Alter, Adam, *Irresistible: The Rise of Addictive Technology and the Business of Keeping Us Hooked* (New York: Penguin Press, 2017), p. 2.
13. In preface to the paperback edition of Kardaras, Nicholas, *Glow Kids: How Screen Addiction Is Hijacking Our Kids and How to Break the Trance* (New York: St. Martin's Press, 2016), pp. xx–xxi.
14. Faltas, discussion.
15. Kardaras, Nicholas, *Glow Kids*, p. 127.
16. Reilly, discussion.
17. Samuel, Alexandra, "Parents: Reject Technology Shame," *The Atlantic* (November 4, 2015). Retrieved on December 23, 2017 from https://www .theatlantic.com/technology/archive/2015/11/why-parents-shouldnt -feel-technology-shame/414163/.
18. Connolly, discussion.
19. Reilly, discussion.
20. Prensky, Marc, *Teaching Digital Natives: Partnering for Real Learning* (Thousand Oaks, CA: Corwin, 2010), p. 12.
21. Davis, K., Katz, S., James, C., and Santo, R., "Fostering Cross-Generational Dialogues about the Ethics of Online Life," *Journal of Media Literacy Education* 2(2), November 9, 2010, p. 126.
22. Crain, W., *Theories of Development: Concepts and Applications* (5th ed.) (Upper Saddle River, NJ: Pearson Prentice Hall, 2005), p. 118.
23. Donovan, Jay. "The Average Age for a Child Getting Their First Smartphone is Now 10.3 Years," *TechCrunch* (May 19, 2016). Retrieved on December 31, 2017 from https://techcrunch.com/2016/05/19/the-average -age-for-a-child-getting-their-first-smartphone-is-now-10-3-years/.
24. Blake, B., and Pope, T., "Developmental Psychology: Incorporating Piaget's and Vygotsky's Theories in Classrooms," *Journal of Cross-Disciplinary Perspectives in Education* 1(1), May, 2008, pp. 59–67.
25. Nucci, Larry, "Moral Development and Moral Education: An Overview," Domain Based Moral Education Lab at the Graduate School of Education, University of California, Berkeley. Retrieved on December 26, 2017 from https://www.moraledk12.org/about-mde.
26. Crain, W., *Theories of Development*, p. 155.
27. Mercogliano, Chris, and Debus, Kim, "An Interview with Joseph Chilton Pearce," *Journal of Family Life Magazine* 5(1), 1999. Retrieved on December 27, 2017 from https://iamheart.org/the_heart/articles_joseph_chilton_ pearce.shtml.
28. Harding, Eleanor, "Six in Ten Parents Say They Would Let Their Children Lie About Their Age Online to Access Social Media Sites," *Daily Mail* (January 23, 2017). Retrieved on January 18, 2018 from http://www.dailymail .co.uk/news/article-4150204/Many-parents-let-children-lie-age-online .html#ixzz4WmrvHLyo.
29. Gates, Melinda, "Melinda Gates: I Spent My Career in Technology. I Wasn't Prepared for its Effect on My Kids," *The Washington Post* (August 24, 2017). Retrieved on January 1, 2018 from https://www.washingtonpost .com/news/parenting/wp/2017/08/24/melinda-gates-i-spent-my-career -in-technology-i-wasnt-prepared-for-its-effect-on-my-kids/?utm_term =.673f3502f09c.
30. Borba, Michele, "To Raise Kids with More Empathy, We Need To Do Everything Wrong," *Time* (September 19, 2016). Retrieved on December 31, 2017 from http://time.com/4495016/parenting-empathy/.
31. Konrath, S. H., O'Brien, E. H., and Hsing, C., "Changes in Dispositional Empathy in American College Students Over Time: A Meta-Analysis," *Personality and Social Psychology Review* 15(2), 2011, pp. 180–198. http://doi .org/10.1177/1088868310377395.
32. Konrath, S., "The Empathy Paradox: Increasing Disconnection in the Age of Increasing Connection,"

3. "Kaplan Test Prep Survey Finds Colleges and Applicants Agree: Social Media is Fair Game in the Admissions Process," Kaplan Test Prep (April 17, 2018). Retrieved on April 21, 2018 from http://press.kaptest.com/press -releases/kaplan-test-prep-survey-finds-colleges-applicants-agree-social -media-fair-game-admissions-process.
4. Ibid.
5. Ibid.
6. Wallace, Kelly, "Surprise! Social Media Can Help, Not Hurt, Your College Prospects," CNN (February 10, 2017). Retrieved on December 5, 2017 from http://www.cnn.com/2017/02/10/health/college-admissions-social -media-parents/index.html.
7. Ibid.
8. Alan Katzman (founder and CEO of Social Assurity), email communication with author, December 1, 2017. Used with permission.
9. Katzman, email communication.
10. Katzman, email communication.
11. Katzman, email communication.
12. Katzman, email communication.
13. Katzman, email communication.
14. Katzman, email communication.
15. Career Builder, "Number of Employers Using Social Media to Screen Candidates at All-Time High, Finds Latest CareerBuilder Study," *Cision PR Newswire* (June 15, 2017). Retrieved on December 16, 2017 from https:// www.prnewswire.com/news-releases/number-of-employers-using-social -media-to-screen-candidates-at-all-time-high-finds-latest-careerbuilder -study-300474228.html.
16. Brooks, Chad, "Keep It Clean: Social Media Screening Gain in Popularity," *Business News Daily* (June 16, 2017). Retrieved on December 27, 2017 from https://www.businessnewsdaily.com/2377-social-media-hiring.html.
17. Singer, Natasha, "They Loved Your G.P.A. Then They Saw Your Tweets," *The New York Times* (November 9, 2017). Retrieved on December 28, 2017 from http://www.nytimes.com/2013/11/10/business/they-loved-your-gpa -then-they-saw-your-tweets.html.
18. Bradley Shear (founder and general counsel of Digital Armour), discussion with author, December 29, 2017. Used with permission.
19. Shear, discussion.

In Rocci Luppicini (ed.) *Handbook of Research on Technoself: Identity in a Technological Society* (IGI Global, 2012), pp. 204–228.
33. Michele Borba (educational psychologist and author), in discussion with author, January 10, 2018. Used with permission.
34. Swanbro, Diane. "Empathy: College Students Don't Have as Much as They Used To," *Michigan News, University of Michigan* (May 27, 2010). Retrieved on December 31, 2017 from http://ns.umich.edu/new/releases/7724 -empathy-college-students-don-t-have-as-much-as-they-used-to.
35. Ibid.
36. Borba, discussion.
37. Borba, discussion.
38. Wolpert, Stuart, "In Our Digital World, Are Young People Losing the Ability To Read Emotions?" *UCLA Newsroom* (August 21, 2014). Retrieved on December 29, 2017 from http://newsroom.ucla.edu/releases/in-our -digital-world-are-young-people-losing-the-ability-to-read-emotions.
39. Pink, Daniel H., *A Whole New Mind: Why Right Brainers Will Rule the Future* (New York: Riverhead Books, 2006), p. 115.
40. Rutledge, Pamela, "The Psychological Power of Storytelling," *Psychology Today* (January 16, 2011). Retrieved on January 3, 2017 from https://www .psychologytoday.com/blog/positively-media/201101/the-psychological -power-storytelling.
41. Glaze-Kelley, discussion.
42. Brittany Oler (co-founder of Kids Email), in discussion with author, January 5, 2018. Used with permission.
43. Oler, discussion.

第三章　建構並愛惜數位名聲

1. "Socrates Quotes," BrainyQuote.com. Xplore Inc, 2018. Retrieved on April 19, 2018. https://www.brainyquote.com/quotes/socrates_385050.
2. Natanson, Hannah, "Harvard Rescinds Acceptances for At Least Ten Students for Obscene Memes," *The Harvard Crimson* (June 5, 2017). Retrieved on November 21, 2017 from http://www.thecrimson.com/article/2017 /6/5/2021-offers-rescinded-memes/.

第四章　如何分配螢幕時間

1. Kamenetz, Anya, *The Art of Screen Time* (New York: PublicAffairs, 2018), p. 10.
2. Anderson, Monica and Jiang, Jingjing, "Teens, Social Media & Technology 2018," Pew Research Center (May 31, 2018). Retrieved July 10, 2018 from http://assets.pewresearch.org/wp-content/uploads/sites/14/2018/05 /31102617/PI_2018.05.31_TeensTech_FINAL.pdf; Lenhart, Amanda, "Teens, Social Media & Technology Overview 2015," Pew Research Center (April 9, 2015). Retrieved February 17, 2018 from http://www.pewinternet.org/2015/04/09/teens-social-media-technology-2015/.
3. Anderson, Monica and Jiang, Jingjing, "Teens, Social Media & Technology 2018."
4. Geng, Y., Su, L., and Cao, F., "A Research on Emotion and Personality Characteristics in Junior 1 High School Students with Internet Addiction Disorders," *Chinese Mental Health Journal* 23 (2006), pp. 457–470; Williams, Rachel, "China Recognizes Internet Addiction as New Disease," *The Guardian* (November 11, 2008). Retrieved on April 4, 2018 from https://www.theguardian.com/news/blog/2008/nov/11/china-internet.
5. Common Sense Media, "Technology Addiction: Concern, Controversy, and Finding Balance," 2016, https://www.commonsensemedia.org/sites /default/files/uploads/research/csm_2016_te chnology_addiction_ research_brief_0.pdf.
6. Joni Siani (media and communications professor, filmmaker, and author), in discussion with author, February 19, 2018. Used with permission.
7. Siani, Joni, *Celling Your Soul*, Createspace Independent Publisher (2013).
8. Siani, discussion.
9. American Psychiatric Association, "Diagnostic and Statistical Manual of Mental Disorders" (5th ed.) (Washington, D.C.: American Psychiatric Publishing, 2013).
10. Dr. David Greenfield, 2015 presentation at Digital Citizenship Summit; and in discussion with author.
11. Greenfield, discussion.
12. Kardaras, Nicholas, "It's Digital Heroin: How Screens Turn Kids into Psychotic Junkies," *New York Post*

20. "Digital Birth: Welcome to the Online World," *Business Wire* (October 6, 2010). Retrieved on December 16, 2017 from https://www.businesswire.com/news/home/20101006006722/en/Digital-Birth-Online-World.
21. Rose, Megan, "The Average Parent Shares Almost 1,500 Images of Their Child Online Before Their 5th Birthday," *ParentZone*, n.d. Retrieved on December 16, 2017 from https://parentzone.org.uk/article / average-parent-shares-almost-1500-images-their-child-online-their-5th -birthday.
22. Bennett, Rosemary, "Parents Post 1,500 Pictures of Children on Social Media Before Fifth Birthday," *The Times* (September 6, 2016). Retrieved on December 16, 2017 from https://www.thetimes.co.uk/article/parents -post-1-500-pictures-of-children-on-social-media-before-fifth-birthday -wb7vmmg55.
23. Rose, Megan, "The Average Parent Shares Almost 1,500 Images of Their Child Online Before Their 5th Birthday."
24. Sue Scheff (author and digital reputation expert), discussion with author, November 15, 2017. Used with permission.
25. American Academy of Child and Adolescent Psychiatry, "The Teen Brain: Behavior, Problem Solving and Decision Making," *Facts for Families,* no. 95 (September 2016). Retrieved on December 29, 2017 from https://www .aacap.org/App_Themes/AACAP/docs/facts_for_families/95_the_teen_ brain_behavior_problem_solving_and_decision_making.pdf.
26. Jacobs, Tom, "Humblebragging Just Makes You Look Like a Fraud," *Pacific Standard* (October 18, 2017). Retrieved on December 29, 2017 from https:// psmag.com/news/your-humblebrag-raises-a-red-flag.
27. Sezer, Ovul, Gino, Francesca, and Norton, Michael I., "Humblebragging: A Distinct—and Ineffective—Self-Presentation Strategy," *Harvard Business School Working Paper*, No. 15-080 (April 2015).
28. Richard Guerry (founder and executive director of The Institute for Responsible Online and Cellphone Communication), in discussion with author, January 4, 2018. Used with permission.
29. Guerry, discussion.

25. Smith, Craig, "140 Amazing Snapchat Statistics and Facts (February 2018)," *DMR* (March 31, 2018). Retrieved on March 31, 2018 from https://expandedramblings.com/index.php/snapchat-statistics/.
26. Gelles, David. "Tech Backlash Grows as Investors Press Apple to Act on Children's Use," *The New York Times* (January 8, 2018). Retrieved on April 2, 2018 from https://www.nytimes.com/2018/01/08/technology/apple -tech-children-jana-calstrs.html.
27. Gibbs, Samuel, "Apple's Tim Cook: 'I Don't Want My Nephew on a Social Network,'" *The Guardian* (January 19, 2018). Retrieved on March 30, 2018 from https://www.theguardian.com/technology/2018/jan/19/tim-cook -i-dont-want-my-nephew-on-a-social-network.
28. Allen, Mike, "Sean Parker Unloads on Facebook: 'God Only Knows What It's Doing to Our Children's Brains,'" Axios (November 9, 2017). Retrieved on March 30, 2018 from https://www.axios.com/sean-parker-unloads-on-facebook-god-only-knows-what-its-doing-to-our-childrens-brains-1513306792-f855e7b4-4e99-4d60-8d51-2775559c2671.html.
29. Kang, Cecilia, "Turn Off Messenger Kids, Health Experts Plead to Facebook," *The New York Times* (January 30, 2018). Retrieved on April 2, 2018 from https://www.nytimes.com/2018/01/30/technology/messenger -kids-facebook-letter.html.
30. Wait Until 8th website. Retrieved on April 30, 2018 from https://www .waituntil8th.org/take-the-pledge/.
31. Center for Humane Technology website. Retrieved on April 30, 2018 from http://humanetech.com.
32. Ibid.
33. Zichermann, discussion.
34. American Academy of Pediatrics. "New Recommendations for Children's Electronic Media Use," *Science Daily* 21 (October 2016). Retrieved on November 29, 2017 from www.sciencedaily.com/releases/2016 /10/161021121843.htm.
35. "The Common Sense Census: Plugged-In Parents of Tweens and Teens," Common Sense Media (2016). Retrieved on December 10, 2017 from https://www.commonsensemedia.org/sites/default/files/uploads/research /common- sense-parent-census_executivesummary_for-web.pdf.
36. Ibid.
37. Siani, discussion.
38. Michele Whiteaker (writer and certified interpretive

(September 27, 2016), Retrieved on December 1, 2017 from http://nypost.com/2016/08/27/ its-digital-heroin-how-screens-turn-kids-into-psychotic-junkies/.
13. Sherman, Lauren E., et al., "The Power of the Like in Adolescence," *Psychological Science* 27(7), May 31, 2016, pp. 1027–1035. http://journals.sagepub .com/doi/abs/10.1177/0956797616645673#articleCitationDownload Container.
14. Jensen, Frances E. and Ellis Nutt, Amy, *The Teenage Brain: A Neuroscientist's Survival Guide to Raising Adolescents and Young Adults* (Toronto: HarperCollins, 2015).
15. Chambers, R. A., Taylor, J. R., and Potenza, M. N., "Developmental Neurocircuitry of Motivation in Adolescence: A Critical Period of Addiction Vulnerability," *American Journal of Psychiatry* 160 (2003), pp. 1041–1052. https:// www.ncbi.nlm.nih.gov/pmc/articles/PMC2919168/.
16. Bergland, Christopher. "Why Is the Teen Brain so Vulnerable?" *Psychology Today* (December 19, 2013). https://www.psychologytoday.com/blog/the -athletes-way/201312/why-is-the-teen-brain-so-vulnerable.
17. Stanford Persuasive Tech Lab website. Accessed on February 17, 2018 from http://captology.stanford.edu/about/what-is-captology.html.
18. MacKay, Jory. "Here's Why You Can't (or Won't) Delete Distracting Apps from Your Phone." *The Startup on Medium* (February 13, 2018). Retrieved on February 17, 2018 from https://medium.com/swlh/heres -why-you-can-t-or-won-t-delete-distracting-apps-from-your-phone -ae1c50445f1e.
19. Fogg, B. J., *Persuasive Technology: Using Computers to Change What We Think and Do* (Boston: Morgan Kaufman Publishers, 2013), pp. 8–9.
20. Ouri Azoulay (former CEO of PureSight), in discussion with author, July 7, 2017. Used with permission.
21. Gabe Zichermann (entrepreneur, behavioral designer, public speaker, and author), in discussion with author, March 19, 2018. Used with permission.
22. Zichermann, discussion.
23. Shafer, Scott, "Design Ethicist Tristan Harris on How to Fight Back Against Your Smartphone," KQED News (August 22, 2017). Retrieved on April 2, 2018 from https://www.kqed.org/forum/2010101861248.
24. Ibid.

Chronicle (December 27, 2017). Retrieved on December 27, 2017 from http://w.ww.millburysutton.com/articles/sutton-teens-suicide -raises-awareness-of-cyberbullying/.

6. Myers, Russell, "Reports of Children Being Groomed on the Internet Have Increased Five Fold in Four Years," *Mirror* (December 12, 2017). Retrieved on December 27, 2017 from http://www.mirror.co.uk/news/uk-news /reports-children-being-groomed-internet-11681027.
7. Scheff, Sue, "Top Health Concerns for Parents: Bullying, Cyberbullying and Internet Safety," *Huffington Post* (December 22, 2017). Retrieved on December 27, 2017 from https://www.huffingtonpost.com/entry/top -health-concern-for-parents-bullying-cyberbullying_us_5a3d7681e4b0d f0de8b06522.
8. Erikson, Erik H., *Identity and the Life Cycle* (New York: International Universities Press, 1959), p. 119.
9. Dr. Pamela Rutledge (professor of media psychology at Fielding Graduate University and director of the Media Psychology Research Center), in discussion with author, December 6, 2017. Used with permission.
10. Rutledge, discussion.
11. Rutledge, discussion.
12. Lenhart, Amanda, "Social Media and Friendships," chapter 4 in *Teens Technology and Friendships*. Pew Internet (August 4, 2018). Retrieved on January 27, 2018 from http://www.pewinternet.org/2015/08/06/chapter-4-social -media-and-friendships/.
13. "Digital Friendships: The Role of Technology in Young People's Relationships," UK Safer Internet Center (February 6, 2018). Retrieved on February 26, 2018 from https://www.saferinternet.org.uk/digital -friendships.
14. Kardefelt-Winther, Daniel, "How Does the Time Children Spend Using Digital Technology Impact Their Mental Well-Being, Social Relationships and Physical Activity? An Evidence-Focused Literature Review," *Innocenti Discussion Papers* no. 2017-02 (2017), UNICEF Office of Research, Innocenti, Florence.
15. Shapiro, Lauren, and Margolin, Gayla, "Growing Up Wired: Social Networking Sites and Adolescent Psychosocial Development," *Clinical Child and Family Psychology Review* 17(1), 2014, pp. 1–18.
16. Teppers, Eveline, et al., "Loneliness and Facebook

guide), in discussion and in email communication with author, April 23, 2018. Used with permission.

39. Hill, Taylor, "Graffiti Artist Defaces 10 National Parks—and Instagrams It," *Take Part* (October 22, 2014). Retrieved on May 13, 2017 from http://www.takepart.com/article/2014/10/22/one-person-decided- make-art -national-parks-and-post-it-all-over-social-media; Ortiz, Eric, "Ex-Scout Leaders Who Knocked Over Ancient Rock Get Probation," NBC News (March 19, 2014). Retrieved on May 12, 2017 from https://www.nbcnews .com/news/us-news/ex-scouts-leaders-who-knocked-over-ancient-rock -get-probation-n56596.
40. Mazza, Ed. "Hiker Plunges to His Death While Taking a Selfie at a Waterfall," *Huffington Post* (May 31, 2017). Retrieved on May 15, 2017 from http:// www.huffingtonpost.com/entry/selfie-waterfall-death_us_592e5a36e4 b0c0608e8c7e8b.
41. Louv, Richard, *Last Child in the Woods: Saving Our Children from Nature-Deficit Disorder* (Chapel Hill: Algonquin Books, 2005). Print.
42. Siani, discussion.

第五章　網路交友與實際社交

1. Instagram Terms of Use.
2. Suler, John, "The Online Disinhibition Effect," *CyberPsychology & Behavior* 7(3), June 2004, 321–326.
3. Olsen, Jan M., "Swedish Man Convicted Over 'Online Rape' of Teens Groomed into Performing Webcam Sex Acts," *Independent* (December 1, 2017). Retrieved on December 27, 2017 from http://www.independent .co.uk/news/world/europe/online-rape-conviction-bjorn-samstrom -grooming-webcams-sex-acts-victims-uk-us-canada-uppsala-court -a8086261.html.
4. Londberg, Max, "A 14-Year Old Girl Sexted on Her Crush. She May Have to Register as a Sex Offender," *Kansas City Star* (December 23, 2017). Retrieved on December 27, 2017 from http://www.kansascity.com/news /nation-world/article191405954.html#storylink=cpy.
5. Fucci, Robert, "Sutton Teen's Suicide Raises Awareness of Cyberbullying," *Millbury-Sutton*

Retrieved on April 16, 2018 from https://www.commonsensemedia.org/game-reviews/grand -theft-auto-v.

30. Weinberger, A. H., Gbedemah, M., Martinez, A. M., Nash, D., Galea, S., and Goodwin, R. D., "Trends in Depression Prevalence in the USA from 2005 to 2015: Widening Disparities in Vulnerable Groups." *Psychological Medicine* 1 (2017). DOI: 10.1017/S0033291717002781.
31. Twenge, Jean M., *iGen*, pp. 77–78.
32. Wong, C., Merchant, R., and Moreno, M., "Using Social Media to Engage Adolescents and Young Adults with Their Health," *Healthc* 2(4) (Amst), December 2014, pp. 220–224. DOI: 10.1016/j.hjdsi.2014.10.005.
33. Davis, K., Weinstein, E., and Gardner, H., "In Defense of Complexity: Beware of Simplistic Narratives about Teens and Technology," *Medium* (August 13, 2017). Retrieved on February 14, 2018 from https://medium.com/@kedavis/in-defense-of-complexity-beware-of-simplistic-narratives -about-teens-and-technology-f9a7cb59176.
34. Rutledge, discussion.
35. Twenge, J. M., Martin, G. N., and Campbell, W. K., "Decreases in Psychological Well-Being Among American Adolescents After 2012 and Links to Screen Time During the Rise of Smartphone Technology," *Emotion* (January 22, 2018). Advance online publication. http://dx.doi.org/10.1037 /emo0000403.
36. Przybylski, Andrew K. and Weinstein, Netta, "A Large-Scale Test of the Goldilocks Hypothesis: Quantifying the Relations Between Digital-Screen Use and the Mental Well-Being of Adolescents," *Psychological Science* 28(2), 2017, pp. 204–215. DOI: 10.1177/0956797616678438.
37. Madden, Mary, Lenhart, Amanda, Cortesi, Sandra, Gasser, Urs, Duggan, Maeve, Smith, Aaron, and Beaton, Meredith, "Teens, Social Media and Privacy," Pew Research Center (May 21, 2013). Retrieved on January 27, 2018 from http://www.pewinternet.org/2013/05/21/teens-social-media-and -privacy/.
38. Dunbar, R. I. M., "Coevolution of Neocortical Size, Group Size and Language in Humans," *Behavioral and Brain Sciences* 16 (1993), pp. 681–735.
39. Konnikova, Maria, "The Limits of Friendship," *New Yorker* (October 7, 2014). Retrieved on February 9, 2018 from https://www.newyorker.com /science/maria-

Motives in Adolescents: A Longitudinal Inquiry into Directionality of Effect," *Journal of Adolescence* 37(5), July 2014, pp. 691–699.

17. McKenna, Katelyn Y. A., Green, Amie S., and Gleason, Marci E. J., "Relationship Formation on the Internet: What's The Big Attraction?" *Journal of Social Issues* 58(1), 2002, pp. 9–31.6.
18. Best, P., Manktelow, R., and Taylor, B., "Online Communication, Social Media and Adolescent Well-Being: A Systematic Narrative Review." *Children and Youth Services Review* 41 (June 1, 2014), pp. 27–36.
19. Weale, Sally, "Digital Media Can Enhance Family Life, Says LSE Study," *The Guardian* (February 5, 2018). Retrieved on February 9, 2018 from https://www.theguardian.com/media/2018/feb/06/digital-media -can-enhance-family-life-says-lse-study.
20. "The State of the World's Children 2017: Children in a Digital World," UNICEF (December 2017), p. 64.
21. Rutledge, discussion.
22. Irvine, Martha, "Survey: Nearly Every American Kid Plays Video Games," ABC News (February 13, 2018). Retrieved on February 19, 2018 from https://abcnews.go.com/Technology/story?id=5817835&page=1.
23. Lenhart, Amanda, "Teens, Technology and Friendships," Pew Research Center (August 6, 2015). Retrieved on February 28, 2018 from http://www .pewinternet.org/2015/08/06/teens-technology-and-friendships/.
24. Ibid.
25. Kleeman, discussion.
26. Granic, Isabela, Lobel, Adam, and Engels, Rutger C. M. E., "The Benefits of Playing Video Games," *American Psychologist* 69(1), January 2014, pp. 66–78. DOI: 10.1037/a0034857.
27. Forde, Killian, and Kenny, Catherine, "Online Gaming and Youth Cultural Perceptions," *Slideshare.* Retrieved on March 1, 2018 from https:// www.slideshare.net/KillianForde1/onlinegamingandyouthcultural perceptions.
28. Fox, Maggie, "World Health Organization Adds Gaming Disorder to Disease Classifications," NBC News (June 18, 2018). Retrieved on July 10, 2018 from https://www.nbcnews.com/health/health-news/who-adds -gaming-disorder-disease-classifications-n884291.
29. "Grand Theft Auto V." *Common Sense Media* website.

konnikova/social-media-affect-math-dunbar-number -friendships.
40. Koons, Stephanie, "Penn State Researchers Study Nuances of Social Media 'Likes,'" *Penn State News* (June 23, 2016). Retrieved on February 9, 2018 from http://news.psu.edu/story/415749/2016/06/23/research/penn -state-researchers-study-nuances-social-media-%E2%80%98likes% E2%80%99.
41. Yau, Joanna C., and Reich, Stephanie M., "It's Just a Lot of Work: Self-Presentation Norms and Practices on Facebook and Instagram," *Journal of Research on Adolescence* (February 12, 2018), DOI 10.1111/jora.12376 [epub ahead of print].
42. "Digital Friendships: The Role of Technology in Young People's Relationships," UK Safer Internet Center (February 6, 2018). Retrieved on February 26, 2018 from https://www.saferinternet.org.uk/digital-friendships.
43. Koons, Stephanie, "Penn State Researchers Study Nuances of Social Media 'Likes.'"
44. "Life in 'Likes': Children's Commissioner Report Into Social Media Use Among 8–12 Year Olds." *Children's Commissioner* (2017). Retrieved on February 10, 2018 from https://www.childrenscommissioner.gov.uk/wp-content/uploads/2018/01/Childrens-Commissioner-for-England-Life-in -Likes-3.pdf.
45. "Status of Mind: Social Media and Young People's Mental Health and Wellbeing," Royal Society for Public Health (2017). Retrieved on October 19, 2017 from https://www.rsph.org.uk/our-work/policy/social-media-and -young-people-s-mental-health-and-wellbeing.html.
46. Ibid.
47. "Life in 'Likes.'"
48. Liz Repking (founder and CEO of Cyber Safety Consulting), in discussion with author, February 16, 2018. Used with permission.
49. Peter Kelley (outreach director of Cyber Civics), in discussion with author, October 21, 2017. Used with permission.
50. Kelley, discussion.
51. Mobile Guard Media, "California Laws Pertaining to Sexting in the State of California," Retrieved on January 27, 2018 from http://mobilemediaguard .com/states/sexting_laws_california.html.
52. Madigan S., Ly A., Rash C. L., Van Ouytsel, J., and Temple, J. R., "Prevalence of Multiple Forms of Sexting Behavior Among Youth: A Systematic Review and Meta-analysis." *JAMA Pediatrics* (February 26, 2018). Published online. DOI: 10.1001/jamapediatrics.2017.5314.
53. Dr. Michele Drouin (developmental psychologist and professor of psychology at Purdue University Fort Wayne), in discussion with author, January 23, 2018. Used with permission.
54. Drouin, discussion.
55. Hayworth, Bret, "Storm Lake Students Charged in Connection with Sexting of Nude Photos," *Sioux City Journal* (February 13, 2018). Retrieved on February 14, 2018 from http://siouxcityjournal.com/news/local/crime -and-courts/storm-lake-students-charged-in-connection-with-sexting-of -nude/article_32d83af0-35a8-52fa-be30-48b5181f9d97.html.
56. Shropshire, Terry, "High School Teen Faces 10 Years in Prison for Sexting Female Classmate," *Michigan Chronicle* (February 28, 2017). Retrieved on February 14, 2018 from https://michronicleonline.com/2017/02/28/high -school-teen-faces-10-years-in-prison-for-sexting-female-classmate/.
57. Duncan, Jericka, "20 Students Suspended in Long Island Sexting Scandal," CBS Evening News (November 11, 2015). Retrieved on January 14, 2018 from https://www.cbsnews.com/news/20-students-suspended-in -long-island-sexting-scandal/.
58. Rosenberg, Eli, "One in Four Teens Are Sexting, A New Study Shows. Relax, Researchers Say, It's Mostly Normal," *Washington Post* (February 27, 2018). Retrieved on February 28, 2018 from https://www.washingtonpost.com/news/the-switch/wp/2018/02/27/a-new-study-shows-one-in-four-teens-are-sexting-relax-experts-say-its-mostly-normal/?utm_term=.77847d5900fa.
59. Patchin, Justin, "You Received a 'Sext,' Now What? Advice for Teens," Cyberbullying Research Center Blog (February 22, 2011). Retrieved on November 9, 2017 from https://cyberbullying.org/you-received-a-sext -now-what-advice-for-teens.
60. Dr. Sameer Hinduja (co-director of the Cyberbullying Research Center and professor of criminology and criminal justice), email communication with author, February 28, 2018. Used with permission.
61. Lenhart, Amanda, et al., "Teens, Kindness and Cruelty

71. Lenhart, Amanda, et al., "Teens, Kindness, and Cruelty on Social Network Sites."
72. Ibid.
73. Hinduja, email communication.
74. Ellis, discussion.
75. Van Evra, Jennifer, "Sarah Silverman's Response to a Twitter Troll is a Master Class in Compassion," CBC (January 3, 2018). Retrieved on March 10, 2018 from http://www.cbc.ca/radio/q/blog/sarah-silverman-s-response -to-a-twitter-troll-is-a-master-class-in-compassion-1.4471337.

第六章　個人隱私與個資保密

1. Taplin, Jonathan, *Move Fast and Break Things: How Facebook, Google, and Amazon Cornered Culture and Undermined Democracy* (New York:Little, Brown and Company, 2017), p. 150.
2. Shear and Social Media Law & Tech Blog. Retrieved on February 15, 2018 from http://www.shearsocialmedia.com/2017/06/june-30th-national -student-data-deletion-day-k-12-schools.html.
3. Bradley Shear (founder and general counsel of Digital Armour), discussion with author, March 8, 2018. Used with permission.
4. Herold, Benjamin, "Maryland Dad Wants June 30 to Be 'National Student Data Deletion' Day," *Education Week* (June 30, 2017). Retrieved on February 28, 2018 from http://blogs.edweek.org/edweek/DigitalEducation /2017/06/dad_wants_june_30_student_data_deletion_day.html.
5. Strauss, Valerie, "How the SAT and PSAT Collect Personal Data on Students—And What the College Board Does With It," *Washington Post* (March 30, 2017). Retrieved on March 12, 2018 from https://www.washingtonpost.com/news/answer-sheet/wp/2017/03/30/how-the-sat-and-psat-collect -personal-data-on-students-and-what-the-college-board-does-with-it /?utm_term=.fc872303d185.
6. Herold, Benjamin, "Google Acknowledges Data Mining Student Users Outside Apps for Education," *Education Week* (February 17, 2016). Retrieved on February 15, 2018 from http://blogs.edweek.org/edweek /DigitalEducation/2016/02/google_on Social Network Sites," Pew Research Center (November 9, 2011), Retrieved on April 17, 2018 from http://www.pewinternet.org/2011/11/09/teens-kindness-and-cruelty -on-social-network-sites/.
62. Myers, Gene, "Family of 12-Year-Old Who Committed Suicide After Cyberbullying to Sue School District," *USA Today* (August 2, 2017). Retrieved March 1, 2018 from https://www.usatoday.com/story/news/nation-now /2017/08/02/mallory-grossmans-parents-say-school-district-didnt-do -enough-save-their-daughter/532165001/.
63. Eltagouri, Marwa, "A 10-year-old's Schoolyard Fight Was Posted on Social Media. She Hanged Herself Two Weeks Later," *Washington Post* (December 1, 2017). Retrieved on March 1, 2018 from https://www.washingtonpost .com/news/education/wp/2017/12/01/a-10-year-olds-schoolyard-fight -was-posted-on-social-media-she-hanged-herself-two-weeks-later/?utm_ term=.28540c25356e.
64. Almasy, Steve, Segal, Kim, and Couwels, John, "Sheriff: Taunting Post Leads to Arrests in Rebecca Sedwick Bullying Death," CNN (October 16, 2013). Retrieved on March 1, 2018 from https://www.cnn.com/2013/10/15 /justice/rebecca-sedwick-bullying-death-arrests/index.html.
65. Ross Ellis (founder and CEO of STOMP Out Bullying™), in discussion with author, February 19, 2018. Used with permission.
66. Hinduja, email communication.
67. Smith, Craig, "22 Musical.ly Statistics and Facts | By the Numbers," *DMR Business Statistics | Fun Gadgets* (December 10, 2017). Retrieved on December 27, 2017 from https://expandedramblings.com/index.php/musically-statistics/.
68. Herrman, John, "Who's Too Young for an App? Musical.ly Tests the Limits," *Gulf News* (September 23, 2016). Retrieved on December 27, 2017 from http://gulfnews.com/business/sme/who-s-too-young-for-an-app-musical -ly-tests-the-limits-1.1900779.
69. McPherson, Emily, "Predator Posing as Teen Star JoJo Siwa Asks Victorian Girl for Nude Videos," 9News (December 21, 2017). Retrieved on January 31, 2018 from https://www.9news.com.au/national/2017/12 /21/10/34/sexual-predator-posing-as-us-teen-star-targets-nine-year -old-victorian-girl.
70. Hinduja, email communication.

March 21, 2018 from http://blog.instagram.com / post/141107034797/160315-news.
24. Delaney, Kevin, "Filter Bubbles are a Serious Problem with News, Says Gates," *Quartz* (February 21, 2017). Retrieved on March 21, 2018 from https://qz.com /913114/bill-gates-says-filter-bubbles-are-a-serious-problem-with-news/.
25. "Teen Privacy and Safety Online: Knowledge, Attitudes, and Practices," Youth + Tech + Health, Digital Trust Foundation, and Vodaphone (2015). Retrieved on March 25, 2018 from http://yth.org/wp-content/uploads /Teen-Privacy-and-Safety-Online-Knowledge-Attitudes-and-Practices.pdf.
26. Puchko, Kristy, "15 Things You Should Know About *Self-Portrait with Thorn Necklace and Hummingbird*," *Mental Floss* (June 1, 2015). Retrieved on March 28, 2018 from http://mentalfloss.com/article/64204/15-facts-about -frida-kahlos-self-portrait-thorn-necklace-and-hummingbird.
27. "The Bright Side: Social Media, Selfies, and Gaming," *Better Worldians*, Podcast #144 (February 12, 2018). Retrieved on March 29, 2018 from https://www.betterworldians.org/Dr-Pamela-Rutledge-The-Bright -Side-Social-media-selfies—gaming.
28. Rutledge, discussion.
29. Steinmetz, Katy, "Top 10 Everything of 2012," *Time* (December 4, 2012). Retrieved on March 29, 2018 from http://newsfeed.time.com/2012/12/04 /top-10-news-lists/slide/selfie/.

第七章　假新聞與獨立思考

1. Anderson, Janna, and Rainie, Lee, "The Future of Truth and Misinformation Online," Pew Research Center Internet & Technology (October 19, 2017). Retrieved on April 2, 2018 from http://www.pewinternet.org /2017/10/19/the-future-of-truth-and-misinformation-online/.
2. Reilly, discussion.
3. Michelle Ciulla Lipkin (executive director of the National Association for Media Literacy in Education), discussion with author, April 2, 2018.
4. "Word of the Year Is..." English Oxford Living Dictionaries website. Retrieved on April 2, 2018 from acknowledges_data_mining_ GAFE_users.html.
7. Maheshwari, Sapna, "YouTube is Improperly Collecting Children's Data, Consumer Group Says," *New York Times* (April 9, 2018). Retrieved on April 15, 2018 from https://www.nytimes.com/2018/04/09/business/media /youtube-kids-ftc-complaint.html?mtrref=www.google.com.
8. Shear, discussion.
9. Hart Research Associates, "Parents, Privacy & Technology Use," Family Online Safety Institute (November 17, 2015).
10. Shauna Leff (vice president of marketing and communications of PRIVO), discussion with author, March 18, 2018. Used with permission.
11. "Snap Inc. Terms of Service." Retrieved on July 10, 2018 from https://www .snap.com/en-US/terms/.
12. Ibid.
13. Ibid.
14. "Your Brain on Tech: Technology and Teachable Moments," *NBC Today Show* (March 22, 2018). Retrieved on July 10, 2018 from https://www.today .com/video/the-average-teen-spends-more-time-online-than-they-do -sleeping-1192061507944.
15. Meyer, Robinson, "The Cambridge Analytica Scandal, in 3 Paragraphs," *The Atlantic* (March 20, 2018). Retrieved on March 22, 2018 from https://www .theatlantic.com/technology/archive/2018/03/the-cambridge-analytica -scandal-in-three-paragraphs/556046/.
16. Leff, discussion.
17. Sunstein, Cass R., *Republic.com* (Princeton, NJ: Princeton University Press, 2002), p. 8.
18. Pariser, Eli, "Beware Online Filter Bubbles," TED Ideas Worth Spreading video (March 2011). Retrieved on March 19, 2018 from https://www.ted .com/talks/eli_pariser_beware_online_filter_bubbles.
19. Ibid.
20. Ibid.
21. Ibid.
22. "New Survey: Snapchat and Instagram Are Most Popular Social Media Platforms Among American Teens," *Science Daily* (April 21, 2017). Retrieved on March 19, 2018 from https://www.sciencedaily.com/releases /2017/04/170421113306.htm.
23. "See the Moments You Care About," Instagram Terms of Service (March 15, 2016). Retrieved on

July 10, 2018 from https://mediabiasfactcheck.com/conservative-tribune/.

17. Gibbs, Samuel, "Apple's Tim Cook: 'I Don't Want my Nephew on a Social Network.'"; *The Guardian,* January 19, 2018. Retrieved on April 5, 2018 from https://www.theguardian.com/technology/2018/jan/19/tim-cook-i-dontwant-my-nephew-on-a-social-network; Gates, Melinda, "Melinda Gates: I Spent My Career in Technology. I Wasn't Prepared For Its Effect On My Kids." *Washington Post*, August 24, 2017. Retrieved on April 5, 2018 from https://www.washingtonpost.com/news/parenting/wp/2017/08/24 /melinda-gates-i-spent-my-career-in-technology-i-wasnt-prepared-for-its -effect-on-my-kids/?utm_term=.8993865fd0be.
18. Johnson, Stephen, *Everything Bad is Good For You* (New York: Penguin Group, 2005), p. xvi.
19. Reilly, discussion.
20. Jennifer Lynn Alvarez (author of *The Guardian Herd* series), in discussion with author, April 15, 2018. Used with permission.
21. Kirci, Hazal, "The Tales Teens Tell: What Wattpad Did for Girls," *The Guardian* (August 16, 2014). Retrieved on April 6, 2018 from https://www .theguardian.com/technology/2014/aug/16/teen-writing-reading-wattpad -young-adults.
22. Reilly, discussion.
23. Jenkins, et al., "Confronting the Challenges of Participatory Culture Media Education for the 21st Century," The John D. and Catherine T. MacArthur Foundation (2009), p. 3.
24. Terdiman, Daniel, "Study: Wikipedia as Accurate as Britannica," CNET (December 16, 2005). Retrieved on April 18, 2018 from https://www.cnet .com/news/study-wikipedia-as-accurate-as-britannica/.
25. Surowiecki, James, *The Wisdom of Crowds* (New York: Anchor Books, 2005), p. xiii.
26. "Ski Cross" on Wikipedia. Retrieved on July 10, 2018 from https://en .wikipedia.org/wiki/Ski_cross.
27. "Media and Technology at Journey School," Journey School website. Retrieved on May 3, 2018 from http://www.journeyschool.net/media -technology-at-journey-school/.
28. Glaze-Kelley, discussion.
29. Pennycook, Gordon, Cannon, Tyrone, and Rand, David G., "Implausibility and Illusory Truth: Prior Exposure Increases Perceived Accuracy of Fake News but https://en.oxforddictionaries.com/word -of-the-year/word-of-the-year-2016.

5. Ciulla Lipkin, discussion.
6. Shearer, Elisa, and Gottfried, Jeffrey, "News Use Across Social Media Platforms," Pew Research Center (September 7, 2017). Retrieved on March 18, 2018 from http://www.journalism.org/2017/09/07/news-use-across-social -media-platforms-2017/.
7. Silverman, Craig, and Alexander, Lawrence, "How Teens in the Balkans are Duping Trump Supporters with Fake News," BuzzFeed News (November 3, 2016). Retrieved on March 18, 2018 from https://www.buzzfeed.com /craigsilverman/how-macedonia-became-a-global-hub-for-pro-trump -misinfo?utm_term=.gbq7XBV3q#.uyy9QlZ87.
8. Silverman, Craig, "This Analysis Shows How Viral Fake Election News Stories Outperformed Real News on Facebook," BuzzFeed News (November 16, 2016). Retrieved on April 3, 2018 from https://www.buzzfeed.com /craigsilverman/viral-fake-election-news-outperformed-real-news-on -facebook?utm_term=.pjMR7evdj#.mvY7AdMaq.
9. Stevan, Alex, "Pence: 'Michelle Obama Is the Most Vulgar First Lady We've Ever Had,' Newslo (October 14, 2016). Retrieved on March 18, 2018 from http://www.newslo.com/pence-michelle-obama-vulgar-first-lady -weve-ever/.
10. "Evaluating Information: The Cornerstone of Civic Online Reasoning," Stanford History Education Group (November 22, 2016). Retrieved on April 3, 2018 from https://stacks.stanford.edu/file/druid:fv751yt5934 / SHEG%20Evaluating%20Information%20Online.pdf.
11. Rheingold, Howard, *Smart Mobs: The Next Social Revolution* (Cambridge, MA: Basic Books, 2002), p. 194.
12. Rheingold, Howard, *Net Smart: How to Thrive Online* (Cambridge, MA: The MIT Press, 2012), p. 16.
13. Ibid.
14. Zeal, Cillian, "Shock Revelation: Obama Admin Actively Sabotaged Gun Background Check System," *Conservative Tribune* (March 16, 2018). Retrieved on July 10, 2018 from https://www.westernjournal.com/ct /obama-admin-gun-background/.
15. "Media Bias/Fact Check" website. Retrived on July 10, 2018 from https://mediabiasfactcheck.com/about/.
16. "Media Bias/Fact Check" website. Retrieved on

Used with permission.
12. Soeth, discussion.
13. Ciulla Lipkin, discussion.
14. Freidman, Thomas L., *Thank You for Being Late: An Optimists Guide to Thriving in the Age of Accelerations* (New York: Farrar, Straus and Giroux, 2016), p. 31.
15. Ciulla Lipkin, discussion.
16. Soeth, discussion.
17. "Remarks by the President on Egypt," The White House (February 11, 2011). Retrieved on April 12, 2018 from https://obamawhitehouse.archives .gov/the-press-office/2011/02/11/remarks-president-egypt.
18. Parker-Pope, Tara, "Are Today's Teenagers Smarter and Better Than We Think?" *New York Times* (March 30, 2018). Retrieved on April 12, 2018 from https://mobile.nytimes.com/2018/03/30/well/family/teenagers-generation -stoneman-douglas-parkland-.html?smid=fb-nytimes&smtyp=cur.
19. Ibid.

Has No Effect on Entirely Implausible Statements," *Journal of Experimental Psychology* (forthcoming). Retrieved on March 16, 2018 from https://ssrn.com/abstract=2958246 or http://dx.doi.org/10.2139/ssrn.2958246.

第八章　成為數位領袖

1. Monke, Lowell, "The Human Touch," *Education Next* 4(4), Fall 2004. Retrieved on April 11, 2018 from http://educationnext.org/thehuman touch/.
2. "Status of Mind: Social Media and Young People's Mental Health and Wellbeing," Royal Society for Public Health (May 2017). Retrieved on December 3, 2017 from https://www.rsph.org.uk/uploads/assets/uploaded /62be270a-a55f-4719-ad668c2ec7a74c2a.pdf.
3. Lanquist, Lindsey, "Instagram Launches 3 New Safety Features—Here's How to Use Them," *Self* (September 26, 2017). Retrieved on November 3, 2017 from https://www.self.com/story/new-instagram-features.
4. Perez, Sarah, "Twitter Starts Putting Abusers in 'Time Out,'" *TechCrunch* (February 16, 2017). Retrieved on April 11, 2018 from https://beta.techcrunch.com/2017/02/16/twitter-starts-putting-abusers-in-time-out /?_ga=2.37566819.23505104.1523456549-1685009490.1486857013.
5. Oldfield, Edward, "Facebook and Snapchat Trial New Features to Tackle Online Bullying in Campaign Headed by Prince William," *DevonLive* (November 16, 2017). Retrieved on November 3, 2017 from http://www .devonlive.com/news/devon-news/facebook-snapchat-trial-new -features-785837.
6. Ibid.
7. Lucy Cadova (member of Faceup.com team), in discussion with author, April 6, 2018. Used with permission.
8. Matt Soeth (founder of #ICANHELP), in discussion with author, April 4, 2018. Used with permission.
9. Soeth, discussion.
10. Maeve Repking video. Retrieved on July 10, 2018 from https://www .icanhelpdeletenegativity.org/maeve.
11. Liz Repking (founder and CEO of Cyber Safety Consulting), in discussion with author, April 8, 2018.

BC1081R

數位公民素養課

線上交友、色情陷阱、保護個資，從孩子到大人必備的網民生活須知

Raising Humans in a Digital World: Helping Kids Build a Healthy Relationship with Technology

作　　者　黛安娜・格雷伯（Diana Graber）
譯　　者　劉凡恩
責任編輯　田哲榮
協力編輯　朗慧
封面設計　斐類設計
內頁構成　李秀菊
校　　對　吳小微

發 行 人　蘇拾平
總 編 輯　于芝峰
副總編輯　田哲榮
業務發行　王綬晨、邱紹溢、劉文雅
行銷企劃　陳詩婷
出　　版　橡實文化ACORN Publishing
地址：231030 新北市新店區北新路三段207-3號5樓
電話：（02）8913-1005　傳真：（02）8913-1056
網址：www.acornbooks.com.tw
E-mail：acorn@andbooks.com.tw
發　　行　大雁出版基地
地址：231030 新北市新店區北新路三段207-3號5樓
電話：（02）8913-1005　傳真：（02）8913-1056
讀者服務信箱：andbooks@andbooks.com.tw
劃撥帳號：19983379　戶名：大雁文化事業股份有限公司

印　　刷　中原造像股份有限公司
二版一刷　2025年9月
定　　價　480元
I S B N　978-626-7604-89-2

國家圖書館出版品預行編目資料

數位公民素養課：線上交友、色情陷阱、保護個資，從孩子到大人必備的網民生活須知／黛安娜・格雷伯（Diana Graber）著；劉凡恩譯. -- 二版. -- 新北市：橡實文化出版：大雁出版基地發行, 2025.09
面；　公分
譯自：Raising humans in a digital world : helping kids build a healthy relationship with technology
ISBN 978-626-7604-89-2（平裝）
1.CST: 親職教育 2.CST: 兒童發展 3.CST: 資訊社會
528.2　　114009821